Comment rendre mon chat heureux

Ou toutes les questions que vous vous êtes toujours posées sur votre chat ...

Gisèle Foucher

Edition brochée (mise à jour 25 novembre 2020)

(1e publication numérique : 02 octobre 2015)

ISBN : 979 10 91903 07 3

Crédit photo couverture : Quentin Durand

COMMENT RENDRE MON CHAT HEUREUX

Table des matières

Préface

Daniel Jouin, vétérinaire à Paris, XVIIIe

Le chat est un animal mystérieux, indépendant, vindicatif, mais il existe peu de gens qu'il ne fait pas fondre ! L'animal semble vivre dans un autre monde, le sien, régi par des codes qu'il n'hésite pas à enfreindre quand ses intérêts sont en jeu. La relation que le chat entretient avec l'humain est parfois surprenante, mais toujours source de découvertes et d'une amitié sincère. Le chat considère l'humain comme son égal et consent à lui rendre certains services ou à prêter une oreille compatissante lorsque le besoin se fait sentir. Témoin privilégié de notre vie quotidienne, il se prête volontiers au jeu du chat et de la souris pour nous en débarrasser. Parfois son regard sur nous perturbe, tellement il est sans concessions. Se pourrait-il qu'il perçoive notre vie au-delà des apparences, nos illusions, nos fantômes ?

Dans notre monde perturbé par l'agitation, le stress, les problèmes réels ou imaginaires, le chat va à l'essentiel. Nos difficultés à le satisfaire ne le concernent pas, il vit ZEN, privilégie la qualité à la quantité, vit intensément l'instant présent, en harmonie avec son espace. Quand il joue, chasse, dort, vient se faire câliner, il vit sur la nécessité, sur l'impératif de l'instant.

Comment l'animal peut-il passer un temps infini devant un terrier à attendre qu'un mulot sorte de son trou, sans bouger un poil de moustache, puis s'en désintéresser dans la seconde qui suit ? Autant il passe une grande partie de la journée sur un coussin confortable - ou à même le sol - à rêver et dormir, autant il est d'une vivacité redoutable quand il chasse un rat ou une mouche. Ses attitudes et les mouvements de son corps sont d'une élégance rare, il a banni la vulgarité de son monde et respire la paix, la délicatesse, la sensibilité ...

Pour cela il symbolise le Féminin, l'Artiste de la vie. Il spiritualise le monde matériel, véritable relais entre la Terre et le Ciel. En cela le chat est un animal divin.

Vous trouverez dans ce livre de nombreux conseils pour harmoniser cette relation privilégiée que le chat entretient avec l'humain, basée sur la confiance, le respect et la complicité, deux mondes différents qui se rejoignent l'espace d'une vie. Ce livre basé sur le bon sens et sur des choses simples vous permettra de mieux sentir les réactions d'un chat, de mieux le comprendre et ainsi de mieux le respecter et l'aimer.

1e partie : Pour ceux qui n'ont pas encore de chat

Comment choisir mon chat ?

Cela faisait longtemps que vous y pensiez, tourniez ça dans votre tête, et vous avez enfin tranché : vous allez adopter un chat. Cependant vous ne voulez pas vous y prendre à la légère et souhaitez le faire en toute connaissance de cause. Voici quelques conseils pour un bon choix.

Ne prenez pas un chaton à sa mère avant 10 à 12 semaines. Avant, il ne serait pas sevré. Celui-ci doit être vif, alerte (même s'il dort beaucoup) et dodu. Ses parents doivent être confiants et sociables. Et à la maison, surtout laissez-le au calme les premiers jours. Il a besoin de se reposer, de s'habituer à sa nouvelle demeure et de prendre ses repères.

Lorsque vous serez prêt à le choisir, vérifiez quelques points : ses yeux doivent être propres, sans sécrétion, clairs et brillants, sans qu'un voile ne les recouvre (ce qu'on appelle la troisième paupière). Ses oreilles doivent être saines, non abîmées, avec une mince couche de cérumen tout au plus. Le nez ne doit pas couler ni avoir de croûtes, ce qui serait un signe de maladie. Les gencives et la langue doivent être roses et sans inflammation, les dents entières. Il ne doit pas avoir mauvaise haleine (signe de dysfonctionnement du foie ou des intestins). Le pelage doit être lisse et vigoureux (vérifier s'il n'y a pas de puces entre les poils, sous la forme de petits points noirs, et s'il n'existe pas d'endroits où des touffes de poils sont tombés – signe d'une infection par la teigne). L'arrière-train doit être propre et sans irritation, dépourvu de petites particules blanches et mobiles ou encore de sortes de grains secs collés aux poils - signe de vers).

Le chat ne doit être ni trop gros ni trop maigre (on doit pouvoir sentir les os en le palpant, mais sans que ceux-ci ne soient apparents) et il doit avoir la même vigueur dans les quatre pattes. Un chat maigre avec le ventre dilaté a certainement des problèmes de santé.

Il ne doit pas éternuer non plus, ce qui pourrait signifier qu'il a attrapé la grippe du chat, maladie qui peut très vite s'aggraver chez lui.

Mais rien ne vous empêche de ramener l'un de ces matous pas toujours dans la meilleure forme, car ils ont le droit eux aussi d'être aimés, choyés et soignés de la même façon que les autres. Prenez conscience dans ce cas des soins, dépenses et de l'attention de votre part que cela implique, car vous en aurez l'entière responsabilité du moment où vous l'aurez adopté. Vous sentirez peut-être alors une plus grande fierté à avoir aidé un chaton (ou un chat adulte) qui n'avait pas tous les atouts de son côté au départ, et son amour en retour sera une récompense au-delà de tous vos souhaits. Un chaton s'adaptera plus facilement à un nouveau foyer qu'un adulte, mais l'adulte sera plus tolérant, ayant parfois vécu de longues périodes seul ou sans gîte.

Un des meilleurs tests pour choisir son chat est encore de voir lequel vient vers vous, se frotte à vos pieds et semble apprécier la texture de vos pantalons, ou se laisse facilement porter. Mais cela ne signifie pas qu'il faille dédaigner les autres, peut-être plus farouches au départ mais qui sauront vous apporter un bonheur sans partage. Si un chat se met à cracher en vous voyant, n'insistez pas, vous lui rappelez peut-être un humain qui a eu une incidence négative sur sa vie. Et puis il existe bien des atomes crochus entre les êtres, inutile donc de vous mener à tous les deux une vie d'enfer si ni vous ni lui ne réagissez positivement en présence de l'autre. Un autre maître lui conviendra, et il vaut mieux prendre un chat qui vous corresponde et avec lequel il existe une attirance réciproque.

Si le chaton choisi vient juste de naître ou est encore trop jeune pour être séparé de sa mère, laissez un bout de drap, une petite serviette ou quelque chose du même genre à votre futur chaton, afin que le tissu s'imprègne de l'odeur de la portée et de celle de la mère pendant ses derniers jours auprès d'eux. Une fois chez vous avec votre adorable petit chat, placez le tissu dans son panier, ce qui le réconfortera. Ne lavez pas trop vite la serviette en question !

Autrement, il est fréquent dans les campagnes que le chat choisisse lui-même sa maison. Et une fois qu'il a jeté son dévolu sur la vôtre et est bien décidé à s'y installer, vous pouvez vous résigner, vous avez un nouveau locataire dans vos murs sans source de revenus supplémentaires ! Le chat a décrété qu'il était chez lui et vous devenez son hôte (après tout, il honore votre maison de sa présence royale). Mais est-ce bien malgré vous ?

Vérifiez toutefois que ce chat n'appartient pas à une autre famille, car beaucoup de chats ont leurs restaurants chez les voisins, qu'ils choisissent en fonction de l'humeur du moment ou de leur proximité des lieux. Si c'est le cas, demandez aux propriétaires s'ils vous autorisent à le nourrir et à le choyer lorsque celui-ci vient vagabonder chez vous. Vous pourrez vous éviter ainsi des ennuis de voisinage et éclairer ses propriétaires sur le comportement de leur chat qui ne viendra pas forcément à l'appel des repas, ayant par ailleurs grassement profité dans la journée de votre générosité.

Le chat qui s'est introduit chez vous peut avoir un collier ou une puce électronique, ce qui dans ce cas permet une identification facile, mais il peut très bien en être dépourvu tout en ayant quand même un foyer. Pour le vérifier, vous pouvez coller des affiches dans le voisinage avec sa photo et vos coordonnées, et si personne ne vient le chercher dans un délai raisonnable, il est à vous.

Mâle ou femelle ? Quelles sont leurs différences ?

Tout est une question de goûts, même si le mâle aura plus tendance à uriner dans certains coins de la maison et à fuguer à la moindre occasion pour se mesurer à ses congénères.

Quelques petites comparaisons entre mâles et femelles :

- Il n'est pas aisé de reconnaître le sexe d'un chaton. Chez le mâle, un espace de 1 cm environ sépare l'anus des testicules non encore apparents. Chez la femelle, l'espace entre l'orifice anal et l'orifice vaginal est beaucoup plus petit.
- Le mâle comme la femelle miauleront tout aussi plaintivement au moment des chaleurs. Donc si vous pensiez en choisissant le sexe échapper aux concerts, vous pouvez l'oublier. A la rigueur, le choix se porterait plutôt sur la race, puisque certains chats sont moins exubérants que d'autres.
- Lorsqu'ils sont stérilisés, le mâle et la femelle ont sensiblement le même caractère. Les besoins d'accouplement disparaissent, et le chat se fait plus casanier.
- La femelle stérilisée, plus possessive, s'arrangera toujours pour se mettre entre vous et votre interlocuteur, votre feuille de papier ou votre livre. Elle peut devenir une grande boudeuse, allant jusqu'à dédaigner des mets qui autrefois la faisaient bondir du haut de l'armoire pour ne perdre aucune miette ... de temps. Mademoiselle se verra servir des repas plus variés, afin de contenter son palais – ou plutôt son odorat – plus délicat qu'avant la stérilisation.
- Le chat peut être très tendre avec la femelle qui cohabite avec lui, même si son naturel est plutôt la polygamie.
- Une femelle n'est pas plus fidèle ; elle peut être saillie par plusieurs chats pendant sa période de chaleurs et avoir des portées de chatons qui n'auront pas forcément le même père, puisqu'elle libère un ovule à chaque accouplement.

Les différences entre un mâle et une femelle sont minimes ; un caractère affectueux et un comportement agréable à vivre seront plutôt les fruits d'une sociabilité travaillée dès le plus jeune âge et renforcée par les jeux et la tendresse de l'humain.

Vit-il mieux en appartement ? Dans un jardin ?

Avant d'acquérir un (ou plusieurs) chat(s), vous devez savoir si vous êtes allergique ou non aux poils de chat, car ce ne serait agréable ni pour vous ni pour lui si vous deviez vous en séparer pour des complications de nature physique. Attention, une allergie peut se déclarer six mois après l'installation de votre chat chez vous. Faire faire un test d'allergie sera la meilleure des garanties si vous pensez avoir des prédispositions.

Les chats qui supportent l'appartement sont le Siamois ou le Bobtail japonais. Les chats qui ne peuvent vivre autrement que dehors sont le Somali ou le chat européen. Le chat Norvégien est très sociable avec les autres animaux de compagnie.

A l'inverse, le Chartreux est solitaire et ne se sentirait pas à son aise dans une maison emplie d'enfants.

Un chat qui a été élevé tout petit en appartement n'aura pas vraiment la nostalgie de la vie en extérieur puisqu'il ne l'aura pas connue. Ce qui n'empêchera pas son instinct de chasseur de se révéler, pour peu que vous titilliez cette fibre sous la forme de jeux qui vous feront passer à tous deux de bien agréables moments.

Ai-je envie d'un chat de race ? D'un chat de gouttière ?

Les magnifiques robes des Maine Coon ou des Persans, leur douceur incomparable et l'impression de peluche qui se dégage de ces derniers en font des chats très prisés. Mais attention, ceux-ci, comme tous les chats à poils longs, demandent un entretien soigné quasi journalier, sous peine d'un pelage feutré où se disputent des nœuds inextricables, nécessitant parfois l'intervention d'un vétérinaire et une anesthésie générale pour raser l'infortuné. Pour ceux que le brossage n'effraie pas et qui ont adopté l'un de ces spécimens, que de bonheur d'avoir ce chat à la maison ! Tel un prince, il se promène avec nonchalance et un brin de bourgeoisie, pacha dans son palais, la queue en panache et la patte lourde, le regard blasé mais le rang si haut !

Un chat à poils mi-longs demandera un peu moins d'entretien, sauf au moment de la mue. De magnifiques spécimens, tel le Norvégien, prônent la majesté avec davantage de vivacité qu'un chat à poils longs.

Un chat à poils courts n'a besoin que d'un brossage mensuel, davantage là encore au moment de la mue. Partez du principe que le brossage évitera à votre chat d'avaler trop de poils, ces mêmes poils qui forment des boules dans son estomac et qu'il régurgite sous une forme peu ragoûtante et certainement peu agréable pour lui. Pour lustrer sa robe, une peau de chamois est toute indiquée.

La plupart des chats sans pedigree (comprenez : sans lignée) ont le poil court, le gène des poils longs étant récessif (qui doit être transmis par le père et la mère pour se manifester chez la descendance). Certains croisements entre des chats européens et des chats de race ont donné de magnifiques chats à poils mi-longs, très particuliers, avec une fourrure reflétant couleurs et tâches originales. Les rayures qui parent certains chats, rappelant la fourrure du tigre, habillent avec élégance leur hôte et leur donne un je-ne-sais-quoi d'irrésistible.

Le choix d'un chat sera souvent l'affaire d'un coup de cœur (hormis peut-être pour les personnes désireuses d'obtenir un chat à des fins de concours, qui seront plus attentives à la couleur de la robe et à la morphologie de l'animal). Ce choix découlera de la séduction entreprise par la petite peluche vivante qui viendra vers vous avec de grands yeux brillants, la démarche maladroite et le miaulement affectueux.

Colourpoint, écaille de tortue, red tabby, ... à quoi correspondent ces noms ?

La couleur la plus commune pour un chat européen est le tigré - mélange de brun et de beige - le noir, le blanc et le roux. A partir de ces couleurs et grâce aux croisements, nous retrouvons d'autres couleurs, ou appellations.

Les « unicolores » sont le blanc, le noir, le bleu (un gris bleuté), le chocolat, le lilas, le rouge et le crème. Puis nous trouvons les motifs : tabbies (ou marbrés) « brown », « blue », « silver », « red tabby », les tiquetés (chaque poil a une zone de coloration plus claire près de la peau et plus foncée à l'extérieur), puis l'écaille-de-tortue (mélange de trois couleurs), le colourpoint (atténuation de la pigmentation sur une partie du corps), les fumés pour ne citer que les principaux.

L'écaille-de-tortue correspond à une robe contenant du roux (ou ses nuances), du noir (dont la nuance diluée est le « bleu ») et du crème. Si le chat possède en plus des tâches blanches, on l'appellera « écaille et blanc ». Ces couleurs particulières se retrouvent généralement chez la femelle.

Il a été révélé par des études que plus de la moitié des chats blancs étaient atteints de surdité, la pigmentation du poil étant a priori contrôlée par la même partie du cerveau qui régit l'audition. L'allèle W est à l'origine de la couleur « blanc dominant », et est directement responsable d'une dégénérescence de l'oreille interne[1]. Mais la surdité n'atteint pas tous les chats blancs, la tare ne se développant pas chez certains.

---

[1] www.afas-siamois.com

En cas de surdité, le chat fera appel à ses autres sens, et notamment à l'odorat et au toucher (il ressent toujours les vibrations), ainsi qu'à l'extrême sensibilité de ses vibrisses. Il prêtera également davantage attention aux réactions des autres animaux, qui le mettront en alerte.

Et vous devrez avec un chat sourd trouver un autre moyen de communication que la parole...

Où acheter un chat ?

Si vous désirez acheter un chat de race, tournez-vous vers les éleveurs, qui vous proposeront des chats déjà vaccinés, en bonne santé et sevrés. Veillez bien à ne pas choisir n'importe quel éleveur. Demandez à voir le lieu de l'élevage, vérifiez que l'hygiène y est présente à chaque instant et si les personnes s'occupent des chatons et des chats adultes avec amour.

Le site www.eleveurs-online.com tient une liste des portées de chatons à vendre, par race, avec leur prix et leur date de disponibilité. Le site du LOOF possède également une rubrique de petites annonces.

Les chats de race peuvent être onéreux, mais vous pouvez acquérir un chat adulte qui n'est plus sélectionné pour la reproduction ou qui est stérilisé à un prix plus avantageux. Précisez à l'éleveur si vous voulez un chat destiné à l'élevage ou aux concours, ou si vous souhaitez simplement un petit compagnon à pedigree pour agrandir votre famille. Un éleveur sérieux vous posera de nombreuses questions sur vous, votre façon de vivre et l'endroit où votre chat va élire domicile. C'est un signe d'intérêt et de souci du bien-être de votre futur animal.

Ne prenez pas de risques à acheter un chaton de race dans le commerce et dans des boutiques de ventes d'animaux si vous désirez être sûr(e) de la pureté de son pedigree. En outre, la cohabitation avec toutes sortes d'autres animaux peut être source de contamination, d'autant que les conditions d'hygiène n'y sont pas aussi rigoureuses que dans une chatterie. Vous ne risquez pas de trouver souvent de chats à pedigree à la SPA, mais parfois l'envie de sauver l'une de ces bêtes est plus forte que le simple désir d'obtenir un compagnon répondant à des critères de lignées rigoureux.

Les pensionnaires infortunés des refuges ont besoin eux aussi d'être vite secourus, car ils peuvent être euthanasiés rapidement du fait de leur nombre croissant. Dans les refuges les plus sérieux, le chat est vacciné contre la panleucopénie, et stérilisé. Les responsables pourront vous raconter l'histoire de chaque chat du plus loin qu'ils la connaissent et pourront vous conseiller sur le compagnon qui vous correspondra le mieux, selon les habitudes et le caractère de chacun.

Vous pouvez également trouver votre chat dans une chatterie (de nombreuses chatteries ont un site Internet), par le biais de petites annonces sur différents sites, ou encore adopter le chaton d'un ami.

Si vous ne souhaitez pas acheter un chat de race, certaines associations comme l'Ecole du Chat sont des lieux où vous pourrez vous attendrir devant plus d'un animal. Il est important à ce moment-là de vous demander honnêtement si vous pourrez vous en occuper convenablement, fut-il en bonne santé, malade ou peureux.

Si vous n'avez pas d'exigence en matière de chat, adressez-vous à la SPA qui ne sera que trop heureuse de vous céder un (ou plusieurs ?) de leurs petits félins recueillis.

Les vétérinaires ont tous pour leur part dans leur salle d'attente, un tableau au mur regroupant des annonces de chats à vendre ou à donner.

Exigez simplement de leur propriétaire que les différents tests de dépistage soient effectués avant la vente s'ils n'ont pas encore été faits, et selon le prix d'achat, que les vaccins soient à jour.

Que dois-je demander lorsque j'achète un chat ?

Lorsque vous achetez un chat, vous devez avoir une attestation signée de votre main et de celle du vendeur, précisant la date de la vente et celle de la livraison (qui peuvent différer si le chaton est encore trop jeune pour être séparé de sa mère), l'identité du chat et son prix. Cette attestation inclut l'adresse du ou des vétérinaire(s) choisi(s) par les deux parties, en cas de litige sur la santé du chat vendu si jamais une anomalie non stipulée devait se déclarer dans les quinze jours suivant la vente, ou être suspectée (typhus, leucémie).

Un diagnostic du ou des vétérinaire(s) suivi d'examens du chat feront la lumière sur une éventuelle maladie. Vous aurez un mois à partir de la livraison pour intenter une action en nullité de vente. Si le chat meurt ou doit être euthanasié, le délai passe à quinze jours. Le vendeur doit alors vous rembourser ou procéder à un échange (article 2 de la loi Griotteray du 22 décembre 1975).

Quels sont les prix si j'achète un chat de race ?

Les prix varient en fonction de la race et du choix porté sur un reproducteur ou un simple animal de compagnie. Ne comptez pas à moins de 400 € dans les premiers prix pour un chat de race (la moyenne se situe plutôt aux alentours de 700 €), et ils peuvent monter assez hauts.

Ces prix ne sont pas forcément abusifs, car un chat de race coûte cher à l'éleveur (compter le prix des consultations de vétérinaire, des tests de dépistage, de la (ou des) saillie(s), des vaccins, des soins des parents et des chatons, de la nourriture, des papiers officiels des chatons, des expositions et des annonces pour la vente).

Si malgré tout vous préférez la compagnie d'un chat à pedigree, renseignez-vous sur l'éleveur, vérifiez s'il ne pratique pas de croisements de chats non autorisés par le LOOF, si la race est pure et si les chats sont bien vaccinés, dépistés, et si vous le souhaitez, stérilisés.

Obtenez un rendez-vous pour visiter la chatterie et rencontrer votre futur chat, et reportez-vous à la section « Comment choisir mon chat ? » de ce livre pour pouvoir l'estimer en toute connaissance.

Mon chat a-t-il des papiers d'identité ?

Si vous désirez acheter un chat de race, depuis la loi du 6 janvier 1999, les papiers suivants doivent vous être remis en même temps que votre chat[2] :

- un carnet de santé établi par le vétérinaire du vendeur qui rapporte les vaccinations reçues (typhus, coryza, voire leucose et rage) ;
- le document d'identification par tatouage ou puce électronique ;
- le certificat de vente daté et signé par le vendeur et l'acheteur, qui stipule les conditions légales de l'échange ;
- une notice expliquant le mode de vie et les principaux besoins du chaton ;

- son pedigree LOOF, s'il est né en France ou issu d'un élevage français, ou un pedigree d'un livre d'origines étranger s'il est né à l'étranger. Le pedigree LOOF est un document officiel certifiant la généalogie et la traçabilité. Il ne peut être demandé que par l'éleveur.

Depuis le 1er octobre 2004, le passeport animalier devient le seul document obligatoire pour faire voyager librement les animaux domestiques (chiens, chats, furets ...) au sein de l'Union européenne.

Ce passeport est un document vétérinaire qui atteste de la vaccination de votre animal contre la rage et de son identification, soit par tatouage, soit par puce électronique (transpondeur). Depuis le 29 décembre 2014, le nom, l'adresse et

---

[2] Liste établie par la Fédération pour la gestion du LOOF – Livre Officiel des Origines Félines. www.loof.asso.fr

le numéro de téléphone du vétérinaire ayant pratiqué la vaccination doivent figurer sur le passeport, ainsi que la signature du propriétaire.

Mais avant tout, suis-je prêt(e) à l'accepter ?

L'espérance de vie moyenne d'un chat stérilisé est de 12 ans, parfois 15, au-delà pour un Persan par exemple, et l'âge record pour un chat a été de 34 ans. Son acquisition ne doit donc pas être un caprice car vous devrez en prendre soin jusqu'au bout, jusqu'à la maladie souvent et jusqu'à la mort. Il faudra penser à lui pour vos vacances ou vos déplacements de plus de deux jours, à lui si vous devez être absent de la maison plus de dix heures par jour, à lui si jamais vous aviez un imprévu ou un accident, afin qu'il ne meure pas de faim durant ce temps-là.

Ne négligez pas le fait que si vous adorez les chats, ce n'est peut-être pas du goût de toute la maisonnée, et il faudra en discuter avec chacun de ses membres pour être sûr que ce petit animal sera accueilli dans un foyer où tout le monde lui fera bon gîte. Un chat, comme n'importe quel animal, ne doit pas être imposé parce que vous l'avez décidé ainsi. Un accord collectif sera le gage d'une bonne entente future et devrait écarter de ce fait les « Regarde ce que TON chat a fait ! ».

Vérifiez qu'il n'existe aucun souci d'allergie aux poils de chat dans votre petite tribu. Des tests peuvent être effectués en laboratoire. Prenez-vous y suffisamment à l'avance car une allergie peut se déclarer plusieurs mois après une exposition aux poils de chat. Il sera convenant de prévenir vos invités de la présence d'un chat avant leur arrivée, afin d'éviter une soirée avortée par l'un de vos convives se mettant à gonfler ou à faire une crise d'asthme !

Votre chat pourra être très sollicitant ; il faudra être présent, jouer tous les jours avec lui, le soigner, le brosser, le nourrir, accepter les dégâts qu'il pourra faire avec ses griffes ou en ayant mal calculé un saut (Oups, le vase de maman…). Vous résigner devant les poils qu'il laissera immanquablement sur vos sièges et les grains de sable qui parsèmeront votre salle de bain. Envisager parfois des opérations qui peuvent coûter cher. Organiser vos déplacements en fonction de lui. Et enfin lui donner une dose suffisante d'attention pour qu'il soit un chat parfaitement heureux et serein. Etes-vous prêt à accepter cette cohabitation et cette responsabilité ? Si oui, vous aurez le chat le plus aimant et le plus affectueux qui soit.

2e partie : Bientôt un nouveau locataire, ça se fête !

Ca y est, vous avez jeté votre dévolu sur le nouveau compagnon à quatre pattes qui prendra possession (oui, c'est le mot !) de votre maison. Quelques conseils pour un accompagnement en douceur ...

De quel matériel se munir pour s'occuper de lui ?

Vous devez investir dans un minimum d'objets avant d'aller chercher votre futur chat. Il vous faudra avant toute chose un panier de transport, un bac, une litière et sa pelle, une double écuelle. Votre attirail se complètera d'un griffoir, d'une brosse en poils naturels et d'un peigne, d'un tire tiques et d'une pince à guillotine pour les ongles de votre petit félin.

Peuvent s'y ajouter une lotion ou un collier anti-parasites avec une partie élastique, un shampoing extra doux (un shampoing pour bébé peut faire l'affaire) ou super/hyper-protéiné pour démêler les poils longs, et un harnais avec une laisse enroulable pour les 'premiers pas' de votre chat hors de la maison (le harnais est indispensable).

La panoplie ne serait pas complète sans quelques jouets et accessoires facultatifs mais tellement attirants : un tunnel en tissu, une fontaine à eau, un hamac, ... l'imagination n'a pas de limite.

Quelle litière choisir, et où la placer ?

Votre premier souci sera d'installer les éléments de base qui permettront à votre futur chat de prendre rapidement possession des lieux.

Le premier endroit qu'il voudra a priori visiter en arrivant dans sa nouvelle demeure est son bac, ou encore l'endroit stratégique où se trouve sa nourriture. Tant d'émotions après un tel déménagement demande de regagner de l'énergie, le reste peut bien attendre qu'il ait satisfait ses besoins premiers.

Il convient de choisir pour le bac un coin de la maison qui ne soit pas le carrefour de passages incessants, de préférence à l'écart de son panier ou de l'endroit où il se repose, et bien sûr loin de la nourriture, pour de simples questions d'hygiène (pour lui comme pour vous). Un bac recouvert d'un capot sera garant d'une certaine intimité (le chat est un grand timide !) et empêchera le sable d'être éparpillé dans toute la pièce, ainsi que les témoignages odorants plutôt puissants de nos amis félins. Parfois, le capot peut s'avérer stressant pour le chat car il ne voit pas le « danger potentiel » pendant qu'il est dans son bac. Si votre chat semble dédaigner sa litière, essayez un capot translucide, ou retirez-le simplement.

Plusieurs qualités de substrats existent et le mieux est de laisser choisir votre chat. Il pourra préférer un sable plus gros ou plus fin. Vous constaterez aisément son contentement à sa façon joyeuse de gratter le sable et d'en envoyer dans toutes les directions.

Le sable le plus commode pour nous autres gens pressés est de loin le sable agglomérant (litière minérale à base d'argile ou de silicium), car il suffit alors de jeter les déjections et les blocs formés par l'urine consolidée. De plus, cette litière a la propriété de réduire sensiblement les odeurs. Mais comme tout produit de « confort », il coûte plus cher.

Les adeptes du bio pencheront en faveur de la litière végétale, formée de petits rouleaux biodégradables. L'inconvénient est qu'elle forme au bout de quelques jours de gros paquets humides qui collent au bac. L'avantage est qu'un sac de litière végétale et bien plus léger à transporter !

Enfin il existe des litières 'nouvelle génération', à grand pouvoir absorbant et qui ne génèrent pas les nuages de poussière communs aux autres litières, mais dont les cristaux de silice semblent plutôt durs pour les coussinets des chats. A utiliser occasionnellement, lors de concours ou de voyages de courte durée. Sauf si votre chat l'a définitivement adoptée !

Tout ceci n'exclut pas une hygiène irréprochable en nettoyant le bac une à deux fois par semaine (plus si besoin) si vous ne voulez pas que votre chat aille chercher ailleurs un endroit correspondant davantage à ses critères de propreté. Vous pouvez éliminer efficacement les odeurs émanant du bac en ajoutant à la litière un peu de bicarbonate de soude.

Ne composez pas une litière avec de la terre ou du sable de l'extérieur si vous craignez les odeurs, car ceux-ci n'ont pas le pouvoir désodorisant du sable acheté dans le commerce. Il n'est pas nécessaire d'acheter du sable contenant un produit désodorisant : non seulement votre chat n'appréciera pas forcément cette odeur - qui de surcroît pourra s'avérer parfumer désagréablement la maison - mais elle risquerait d'altérer son odorat.

Si vous achetez du sable non aggloméré, il faudra le changer entièrement au bout de trois à quatre jours et nettoyer à fond le bac à l'eau savonneuse après l'avoir débarrassé du sable collé.

Il est important de remplir suffisamment le bac, de plusieurs centimètres de sable, pour le confort de votre chat ... et de votre nez délicat.

Une femme enceinte ne doit jamais s'occuper de nettoyer la litière, afin de prévenir une possible transmission de la toxoplasmose. En effet, la toxoplasmose se transmet par les déjections du chat et est extrêmement contagieuse (voir la section « Quelles sont les principales maladies du chat ? « pour plus de précisions).

Pour le plus grand plaisir des personnes pressées ou des fans du 'high tech' ayant suffisamment d'espace chez eux, un bac hautes performances existe depuis plusieurs années (parmi d'autres qui ont suivi le même chemin depuis). Celui-ci s'auto nettoie sans que vous ayez à intervenir, hormis pour vider la poubelle une fois pleine. Les dimensions du bac sont supérieures à celles d'un bac ordinaire, avec à l'une de ses extrémités un programme électronique de minuterie, et à l'autre, un réceptacle conçu pour recueillir les déjections du chat. Vous programmez par exemple un nettoyage pour 20 minutes après le passage de votre chat dans la litière (sa présence sera détectée grâce à des cellules photoélectriques) et au temps indiqué, un système de râteau se déclenche, ratissant consciencieusement tout le bac et poussant les excréments et les boules de sable aggloméré formées par l'urine vers la poubelle, dont le couvercle se soulève au dernier moment pour recevoir le tout. Le sable est ainsi entièrement nettoyé et il ne vous reste plus qu'à vider la poubelle. Ce genre d'appareil nécessite évidemment d'utiliser du sable au pouvoir agglomérant, qui emprisonne l'urine sous la forme de masses compactes et solides.

Les appareils sont vendus sur Internet et dans certaines boutiques spécialisées d'éleveurs. Ces modèles emportent de plus en plus l'adhésion. Parfois une rampe d'accès termine le bac, recouverte d'une moquette accrochant les résidus de sable que votre animal pourrait avoir gardé entre ses coussinets à sa sortie de la litière. Le prix est assez élevé (compter en moyenne 150 euros), mais le système est bien pratique et révolutionnaire.

Oui, mais que faire si votre petite boule de poils dédaigne malgré tout son bac pour aller uriner sur vos plus beaux tapis, vêtements, ou sur le sac en plastique que vous avez négligemment laissé au sol après avoir déballé vos affaires ?

Il faut savoir qu'un chaton à peine sevré doit apprendre à aller dans une litière, ce n'est pas une action innée chez lui. Etant donné que sa capacité mémorative est limitée, il faut agir dans la seconde où le chaton s'abandonne ailleurs que dans son bac (vous pouvez anticiper ce moment dans la mesure où le chat gratte en général le sol avant d'uriner). Prenez-le et mettez-le aussitôt dans son bac, autant de fois que nécessaire, en le caressant et en vous servant toujours des mêmes mots pour lui signifier ce qui est accepté : « Bien », « C'est bien ! », « Là », … Lorsqu'il a fait ses besoins dans le bac, récompensez-le par une caresse ou une croquette. Nul besoin d'actes répressifs (tels que le taper sur le museau ou le lui mettre dans ses déjections), votre chat a une personnalité qui lui est propre et qui doit être respectée, et la manière douce est la seule à adopter envers cet être vivant. Ne le grondez pas non plus en le remettant dans son bac car il aura tendance à rapprocher votre colère – désagréable pour lui - de l'utilisation de sa litière. L'association des deux ne sera pas en faveur de vos tapis !

Pensez également à nettoyer très vite les endroits qu'il aurait pu souiller, car un chat revient facilement aux endroits imprégnés de son urine pour en renforcer encore l'odeur. Attention à ne pas faire l'erreur d'utiliser de l'eau de javel, car c'est une odeur que le chat adore et il vous le montrera bien gentiment en urinant de manière consciencieuse sur l'endroit traité. Soyez malin et mettez une ou deux gouttes de javel (pas plus) dans la litière de votre compagnon à quatre pattes, il sera alors heureux comme un roi !

Un chat qui urine ailleurs que dans son bac alors qu'il a été habitué à une litière vous fait peut-être savoir qu'il est temps de changer son sable, à moins qu'il ne se trouve dans une situation de stress (comment se passe la vie à la maison ? Y a-t-il beaucoup de cris, de mouvements, de nervosité ? Avez-vous changé sa litière de place ?). Ne pensez pas que le chat agit ainsi par esprit de vengeance ou par dépit, il cherche à attirer votre attention sur une situation qu'il a du mal à supporter.

Une autre raison est qu'il tient à marquer son territoire (vous verrez cette tendance plus fréquemment chez un mâle, encore qu'elle tende à diminuer lorsque l'animal est castré) ; ou encore il pourrait s'agir d'une insuffisance rénale ou d'une incontinence urinaire. Le vétérinaire pourra vous aiguiller lors d'examens. Ne négligez pas ce facteur, car de tels problèmes physiques peuvent s'avérer douloureux pour le chat et il faut le soigner rapidement.

Pour les personnes qui ont la chance d'avoir un jardin et qui ont décidé que Monsieur Chat ferait ses besoins dans la nature comme tout félin qui se respecte, il faudra veiller à respecter des heures de sortie régulières, avec toutefois en contrepartie la possibilité de quelques plantes déterrées. Le chat fait, dans la plupart des cas, attention à recouvrir ses excréments. On pourrait être amené à croire qu'il agit ainsi dans un grand souci de propreté, mais il obéit en l'occurrence à un instinct de survie lui commandant de recouvrir ses déjections pour masquer son odeur aux éventuels prédateurs. En revanche, il lui faudra suffisamment d'espace pour pouvoir les enterrer, auquel cas les voisins risquent fort de voir des parcelles de leur terrain réquisitionnées !

Un chat issu d'un refuge aura certainement pris l'habitude de faire ses besoins dans un bac, et celle-ci sera difficile à faire perdre si vous tenez absolument à ce que votre matou aille dehors se soulager. Vous pouvez essayer de mettre le bac à l'extérieur dans un premier temps, dans un endroit abrité de la pluie et des courants d'air. Mais si votre chat continue de préférer l'intérieur douillet de votre maison, il ne vous restera plus qu'à vous plier à ses exigences et à rentrer le bac !

Dans quelle pièce mettre ses écuelles ?

Il convient maintenant de trouver un endroit judicieux où poser ses écuelles : là encore, le chat aime manger dans un endroit où il ne sera pas dérangé pour un oui ou pour un non. Ce peut être dans la cuisine, mais pas dans le lieu de passage où son eau risque d'être renversée à chaque faux pas du maître de maison. Evitez de choisir une écuelle rouge car c'est une couleur que le chat ne perçoit pas. Il n'aime pas non plus les surfaces trop brillantes. Gardez la même écuelle pour l'eau, les repères sont ce que recherche votre chat avant tout.

Une écuelle creuse ou un bol facilitera la saisie des aliments et votre chat ne risque pas ainsi d'en éparpiller à côté (attention cependant, un chat au museau aplati comme le Persan a plus de difficultés à saisir dans sa gueule les aliments qui se trouveraient dans un récipient trop étroit. Il faut donc qu'il ait une écuelle suffisamment évasée pour pouvoir attraper facilement les bouchées). Investissez dans un récipient à socle lesté et anti-dérapant, qui évitera à votre chat de faire le tour de la cuisine en même temps qu'il mange.

Les chats n'aiment pas vraiment les récipients en plastique, qui gardent les mauvaises odeurs (il a l'odorat plutôt fin et ce peut être parfois la raison pour laquelle il boude son repas). Du verre ou de la porcelaine épaisse sera plus adapté. Des écuelles en métal inoxydable peuvent faire l'affaire.

Vous aimez les gadgets ? Vous ne pouvez rien refuser à votre chat ? Vous pourrez satisfaire avec bonheur son inclination à boire au robinet en lui achetant une fontaine d'eau, spécialement prévue à cet effet. Cette fontaine assure une eau fraîche et filtrée en permanence en circuit fermé, et le filtre à charbon intégré assure une réduction du taux de bactéries. Tous ces accessoires sont en vente sur les lieux d'expositions, dans les chatteries et sur les sites Internet de ventes en ligne.

Comment l'accueillir à la maison ?

Maintenant que vous avez le principal en terme de matériel de première nécessité, il est temps d'aller chercher votre petite (ou grande) boule de poils.

Ne faites pas l'erreur d'introduire chez vous votre chat, choisi avec amour, un soir de Noël ou de grande fête, car il va avoir besoin de calme et de stabilité pour pouvoir s'adapter à sa nouvelle demeure. Donc rangez les cotillons et les jouets sonores de bienvenue, il ne vous en voudra pas. Choisissez une période où vous pourrez passer beaucoup de temps avec lui (ou avec eux !) car il aura besoin de présence, et ne soyez pas avare de caresses rassurantes et de jeux inventifs. Le soir, au moment de l'extinction des feux, parlez-lui tranquillement pour le rassurer.

Prévenez vos enfants de ne pas le harceler pour ses premiers jours et apprenez-leur le respect de l'animal. Après tout, eux-mêmes ne verraient pas d'un bon œil qu'on les prenne sans arrêt dans les bras, qu'on leur mette la tête à l'envers et qu'on leur tire les bras et les jambes dans tous les sens ! Les enfants à partir d'un certain âge (en général lorsqu'ils commencent à bien parler) comprennent très bien cette explication imagée et feront attention la plupart du temps. Mieux vaut ne pas laisser votre petit animal seul avec des enfants en bas âge, pour éviter que ceux-ci ne le malmènent de leurs mouvements brusques et non encore coordonnés.

Au besoin, s'il se montre trop effrayé, gardez-le en premier lieu dans une seule pièce, le temps qu'il s'habitue à ses nouveaux co-locataires et à sa nouvelle demeure. Vous pourrez les jours suivants lui ouvrir les autres portes de la maison. Mais il arrive parfois que le chaton ait envie de tout visiter sans tarder, et il marquera facilement tous les meubles de son odeur, en se frottant contre eux.

Si votre chat doit passer une partie de son temps dehors (parce que vous avez un jardin ou une cour où il pourra se dégourdir les pattes), ne le laissez pas sortir les premiers jours, car il doit en premier lieu laisser ses marques un peu partout dans la maison afin de facilement la retrouver après ses escapades. Il faut qu'il comprenne également que c'est vous qui le nourrissez, ce qui lui permettra de revenir plus facilement lorsque son estomac criera famine. N'oubliez pas de le vacciner avant de le laisser courir chercher querelle auprès de ses congénères de la rue.

Si vous pensez installer une chatière à votre porte d'entrée, choisissez de préférence un modèle à détection électronique qui déclenchera l'ouverture de la trappe au passage de votre seul chat via une puce insérée dans son collier. Ou vous pouvez être un amoureux inconditionnel des animaux et vous enthousiasmer de l'entrée inopinée d'autres chats, ratons laveurs et autres mammifères à poils !

Lors de ses premières sorties, harnachez-le avec un harnais et une laisse flexible (une laisse au bout d'un collier ne sera pas suffisant, le chat pouvant se dégager très facilement de ce genre d'attache) et faites le tour du pâté de maisons avec lui, de préférence avant l'heure habituelle d'un de ses repas. Lorsqu'il sera en mesure de reconnaître les lieux et de pouvoir ainsi revenir sans hésiter, le seul gage de son retour sera l'amour avec lequel il sait que vous l'accueillerez et la maison douillette que vous aurez su lui procurer. Car on ne peut retenir un chat contre sa volonté, c'est là ce qui fait sa force et qui suscite tant d'admiration.

Mais avant cela, avez-vous déjà installé tout ce dont il aura besoin et veillé aux précautions d'usage ?

De la même manière que vous l'auriez fait avec des enfants en âge de toucher à tout, veillez à ce qu'il n'y ait pas de matière dangereuse qui traîne dans la maison, comme des produits ménagers par exemple, car le chat adore l'odeur de l'ammoniaque et pourrait s'intoxiquer. Vérifiez que tous les éléments en hauteur soient bien fixés, qu'aucun fil électrique ne dépasse ou ne soit à moitié dénudé, que les fenêtres soient bien fermées ou leur passage difficile d'accès, et dernière chose : qu'avez-vous prévu pour que votre chat ne se brûle pas les pattes lorsqu'il sautera (immanquablement) sur la cuisinière ?

Si vous avez une cuisinière à gaz, il est relativement facile de couvrir les éléments chauds une fois le feu éteint, en rabaissant le couvercle de la gazinière, ou simplement en laissant une casserole froide sur les feux en question. Les cuisinières vitrocéramiques – celles dont la plaque de céramique reste encore chaude après que le feu soit éteint – présentent l'inconvénient de ne pas avoir de couvercle de fermeture. Et même si avec les cuisinières à induction la plaque refroidit assez vite, votre chat en sautant dessus pourrait quand même se brûler. Le problème se pose d'ailleurs de la même façon pour les enfants, qui dans leur enthousiasme à tout explorer pourraient poser la main sur les foyers brûlants. Ici aussi, une poêle froide sur la plaque chaude servira de protection, ou encore fermer la porte de la cuisine pendant que la cuisinière est chaude.

Autre cas de figure, vous avez décidé que ce soir, le temps se prêtait à un dîner romantique aux chandelles : avez-vous pensé à la queue de votre chat, si mobile, et à votre petit animal, si curieux ? Ne laissez pas sans surveillance vos bougies allumées, et de préférence fermez la pièce où vous passerez votre tête à tête en amoureux pour l'interdire à votre félin inquisiteur. Il ne sera peut-être pas content, mais vous aurez l'esprit tranquille.

Quel panier choisir pour ses siestes ?

En bon souverain conscient de son rang, votre chat décidera spontanément de l'endroit où il passera le plus clair de son temps en merveilleuses siestes réparatrices (de préférence un endroit chaud et douillet), et c'est le moment que vous choisirez pour lui montrer le fameux panier dans lequel vous aimeriez bien qu'il élise domicile.

Le chat aime les hauteurs, d'où il peut tout surveiller en ne sommeillant que d'un oeil. Il accaparera souvent une chaise pour ses siestes, plus précisément celle où vous avez l'habitude de vous asseoir, probablement parce que celle-ci est imprégnée de votre odeur. Il affectionne particulièrement les devants de cheminée (allumée bien sûr !) et les dessus de radiateurs brûlants, étant moins sensible que nous à la chaleur. Le must en la matière est le hamac de radiateur, qui allie un couchage en hauteur à une chaleur bienfaisante.

Le panier que vous avez choisi pour lui peut être en osier ou en tissu, l'important est qu'il soit confortable et bien placé (vous pouvez y ajouter un drap doux ou une petite couverture, ou encore un de vos vieux t-shirts que vous venez de porter, il adorera sentir votre odeur !). Les boutiques spécialisées vous proposeront des matelas remplis de billes de polystyrène, pour les chats qui aiment s'étaler de tout leur long, ou des lits en mousse pour les chats aimant se rouler en boule.

Vous aurez davantage de chances que votre panier soit adopté si vous l'installez dans un endroit à l'abri des courants d'air, calme, un peu obscur et près d'une source chaude (une conduite d'eau par exemple, ou le radiateur). Ajoutez sur le tissu une goutte d'extrait de vanille, il l'appréciera d'autant.

Certains paniers, vendus dans les chatteries ou lors des expositions félines, sont en forme de chausson fermé (idéal pour le chat nerveux qui aime se cacher par exemple, et surtout indispensable si vous voulez faire dormir votre chat au sol), ou encore complètement rond avec les bords surélevés, permettant au chat de se lover et d'en épouser parfaitement la forme, pour un sentiment de sécurité profond. Les sacs de billes de polystyrène ont cette particularité d'accumuler la chaleur dans le lit, le rendant parfaitement douillet. Ils sont en outre plus faciles à laver qu'un oreiller ou une couverture.

Si vous n'avez pas de source de chaleur contre laquelle il puisse facilement se lover (par exemple des radiateurs trop hauts), vous pouvez acheter un matelas chauffant pour chat, d'une puissance de 20 W, qui ravira maître matou sans augmenter votre facture électrique.

Il vous faudra malgré tout placer plus d'une fois Monsieur le Chat dans ce fameux panier avant qu'il ne décide d'en faire son fief, et il préfèrera certainement la douce chaleur de votre lit au moment du coucher, l'endroit le plus délicieux pour lui étant le plus proche de votre tête, juste à hauteur de votre nez. Il vous tiendra chaud au crâne en hiver, venant s'y pelotonner comme une toque de fourrure, et ne dédaignera pas votre ventre si vous avez l'habitude de dormir sur le dos.

Vous n'aurez peut-être pas envie qu'il investisse votre lieu de repos, mais un chat est têtu, c'est bien connu. Fermez-lui la porte de votre chambre et vous aurez un concert de griffes toute la nuit. Repoussez-le, il revient à la charge, encore et encore, comme si chaque fois était la première. Il est sûr que si vous cédez dès le départ, ou au bout d'un certain temps, ou même de temps en temps, vous aurez un chat qui aura déclaré votre lit comme son domaine à part entière, et gare à vos orteils si vous décidez de le pousser un peu pour regagner de la place !

Maintenant vous pouvez fort bien accepter cet état de fait, et même en être ravi, car cet animal introduit dans la maison une dimension de respect à la limite du mystique, compagnon à part entière ayant sa place à l'égal de l'humain. La majesté avec laquelle il investit les lieux et élit domicile force l'admiration, et nous sommes alors au service de ce petit maître qui nous a tant séduit au moment de la première rencontre. Sait-il qu'il nous charme et use-t-il de tous les artifices de nos peluches d'enfant pour nous réduire à sa merci ? Ses frôlements et ses miaulements, ses ronronnements et ses frottements de tête contre la nôtre ont en tous cas raison de nos intentions les plus fermes.

Comment découvre-t-il son territoire ?

Votre chat a bien mangé et il va maintenant partir à la découverte de votre appartement ou maison (à moins que la faim ait déjà cédé le pas à la curiosité). Il va se frotter partout et vous penserez peut-être qu'il cherche les câlins.

Dans les faits - sans vouloir nier la tendresse dont il est capable - le chat imprègne de son odeur toutes les surfaces auxquelles il se frotte, marquant par là son territoire (signal bien reçu par les autres chats) et se ménageant par la même occasion des repères sécurisants et confortables. Pensez à cela lorsque vous déménagez : pour peu que vous ayez décidé de changer de décoration et que vous ayez vendu tous vos meubles, vous aurez enlevé là tous les repères olfactifs auxquels votre chat était habitué, et ceci peut le perturber au point de déclencher chez lui des réactions inattendues, tant psychologiques que physiques. Reportez-vous à la section 'déménagement' pour plus de détails à ce sujet, afin d'éviter un traumatisme inutile et de rendre la transition supportable.

Donc votre chat va laisser ses marques partout où il se frotte. Scientifiquement parlant, il dépose en fait un certain nombre de phéromones sur ces objets et sur vous lorsqu'il vient s'enrouler autour de votre jambe. A partir de ce moment-là, l'endroit ou l'objet lui appartient.

Un collier est-il indispensable ?

Indispensable ... s'il sort au dehors et que vous ne pouvez vous faire à l'idée qu'il vive une vie de chat sauvage. Choisissez un collier ni trop serré ni trop lâche, avec une partie élastique afin que votre chat puisse se libérer facilement si le collier venait à se prendre dans une branche. Accrochez au collier une capsule avec vos nom et adresse - pour une identification rapide au cas où il viendrait juste de se sauver - et une médaille lisse et brillante qui réfléchira la lumière et avertira ainsi les conducteurs afin qu'ils lèvent le pied de l'accélérateur.

Ne vous leurrez pas, on ne peut pas promener un chat comme on promène un chien. Il déteste ça. Fera tout ce qu'il peut pour se dégager de l'étreinte désagréable du collier et de ce harnachement qui l'empêche de courir et sauter où il le souhaite. Mais il est indispensable de garder votre chat près de vous lors de ses premières sorties, le temps qu'il se familiarise avec les lieux, y dépose ses marques et retrouve la maison au moment où son estomac le rappellera à l'ordre. La laisse sera également utile lors des voyages, lorsqu'il aura besoin de se dégourdir les pattes. Prenez garde à ce que le harnais soit suffisamment serré – sans toutefois incommoder le chat – car ce dernier est un digne représentant de Oudini !

Les colliers lisses risquent moins d'emmêler les poils de votre chat à la base du cou s'il est de la race des chats à poils longs ou mi-longs. N'accrochez jamais une laisse directement au collier car au mieux, le chat s'échapperait, au pire, il s'étranglerait à vouloir se libérer en tirant dessus.

Tatouer votre chat (aujourd'hui l'identifier par puce électronique) lui évitera d'être considéré comme un vagabond et permettra que des recherches soient entreprises pour vous joindre. Sachez que si votre chat est retrouvé seul, non identifié, à plus de 200 mètres d'habitations, il sera emmené à la fourrière.

Le tatouage est une identification unique, répertoriée dans le Fichier national félin (01 55 01 08 08), qui a été créé par le Syndicat des vétérinaires d'exercice libéral (SNVEL). Les chats et les furets qui portent une puce électronique ou ont été tatoués par un vétérinaire (sur l'oreille ou la face interne de la cuisse) y sont inscrits. La puce électronique est le seul moyen d'identification officiel depuis juillet 2011, même si l'identification par tatouage reste valable pour voyager s'il a été réalisé avant le 03 juillet 2011 - et sous la condition qu'il soit lisible.

Si jamais votre petit animal devait manquer à l'appel de plusieurs repas, appelez la fourrière de votre commune ainsi que le refuge SPA le plus proche, puis contactez le SIEV - Fichier national des carnivores autres que les chiens – pour savoir si quelqu'un ne les a pas contactés avec le signalement de votre chat. Prévenez également le commissariat de police ou la gendarmerie, ainsi que les vétérinaires des environs. Ils pourront vous aider à le retrouver rapidement. Vous pouvez également passer une annonce dans les journaux gratuits et chez les commerçants. Mais peut-être vous aura t-il simplement joué un tour à sa façon et vous le verrez revenir les poils en bataille et l'oeil luisant !

N'oubliez pas en revanche de toujours garder sur vous des papiers avec vos nom et adresse, indiquant que vous avez un ou plusieurs chats, ainsi que le nom et l'adresse de la personne chargée de s'occuper d'eux si jamais il devait vous arriver quelque chose. Car si vous deviez être hospitalisé(e) d'urgence, qui les nourrirait et veillerait sur eux ?

Comment le nourrir ?

Dans les premiers temps, continuez de donner à votre chaton ou chat nouvellement arrivé le même régime alimentaire auquel il était habitué dans sa demeure précédente. Pensez à demander à la personne qui vous confie le chat qui deviendra le vôtre, quelles sont les habitudes de celui-ci en matière de nourriture, litière, etc. Il sera toujours temps de changer progressivement les dites habitudes après que votre chat se sera adapté à son nouveau chez-lui.

Si vous souhaitez changer son alimentation, faites-le progressivement, en ajoutant en premier lieu à sa pâtée habituelle ce que vous voulez lui faire manger. Puis, petit à petit, diminuez les rations de l'ancien régime tout en augmentant celles du nouveau, et ainsi de suite jusqu'à remplacement complet. Pensez à quelques petites gâteries comme du beurre, un peu de crème fraîche ou de fromage blanc, il en sera ravi et son poil aussi !

Le chat étant davantage attiré par l'odeur que par le goût, les mets dégageant un fumet sensible exciteront les papilles les plus difficiles.

Si vous désirez nourrir votre chat autrement qu'avec des boites, vous devez impérativement lui apporter les compléments nécessaires à sa santé. Il faut lui éviter une alimentation trop riche en végétaux ou sous-produits d'origine végétale, en soja, ... Recherchez la taurine (un acide aminé) dans les aliments que vous choisissez pour lui, car une carence de cette substance peut entraîner des troubles importants (troubles oculaires et cardiaques, déficits immunitaires, problèmes de fécondation chez la femelle). La taurine se retrouve principalement dans la viande.

Un chat est majoritairement carnivore, bien que nous autres humains l'ayons rendu semi omnivore, et il a besoin notamment de vitamine D (celle qu'il récupère sur son poil en se léchant), de vitamine A, E, B12, de sels minéraux, d'oligo-éléments, qu'il trouvera dans des aliments bien spécifiques. Et ses besoins en protides sont 25% supérieurs à ceux du chien.

Votre chat trouvera ses protéines dans la viande, les oeufs, le lait (pour les chats qui ne digèrent pas bien le lait, préférez la boisson au lait spécial chats vendue dans le commerce) et certains végétaux. Celles-ci permettent aux muscles de se développer et de garder leur tonus. Le poisson, de la même façon que la viande et le lait, lui fournira les lipides ou graisses nécessaires à son énergie. Veillez à ce que viande, poisson et légumes soient légèrement cuits afin d'éliminer les parasites et de faciliter la digestion.

Votre chaton en pleine croissance aura besoin de calcium et de phosphore en quantités suffisantes pour une bonne formation du squelette et pour leur action sur l'activité musculaire. Les sels minéraux (magnésium, sodium, potassium) ainsi que le fer se retrouvent dans presque toute l'alimentation. Les oligo-éléments (iode, cuivre, zinc), en quantités infimes, participent également au bon fonctionnement du corps.

La vitamine B12 favorisera la croissance de votre chaton et lui évitera l'anémie. On la trouve dans les viandes, le poisson, les abats, le lait et la levure de bière (le chat raffole en principe de l'odeur de cette dernière !).

Le chat fabrique tout seul sa vitamine C, il est donc inutile de lui en donner en alimentation de complément. Celle-ci favorise la circulation du sang et son oxygénation.

La vitamine E est LA vitamine de la fertilité. Une carence en vitamine E peut entraîner la stérilité.

Lorsque votre chat a le poil terne et sec, ou s'il les perd de façon anormale, il manque probablement de vitamine A. Vous trouverez cette vitamine dans le foie, le jaune d'oeuf, le beurre (le foie contient également cette fameuse vitamine D, élément essentiel de la croissance). La vitamine A a la particularité de favoriser la santé de la peau, améliorer la vision et protéger les cellules des radicaux libres.

La viande (boeuf maigre, viandes blanches) doit être légèrement grillée pour ne pas perdre ses vitamines, et le porc doit être très cuit afin d'éviter une possible contamination par le ténia.

Ne donnez pas trop d'abats à votre chat, pas plus d'une ou deux fois par semaine, pour ne pas risquer d'ankyloser la colonne vertébrale avec une dose trop élevée de vitamine A. Le mou (poumon), ayant une faible valeur nutritive, peut être donné à un chat trop gros ; celui-ci ne prendra pas de poids avec ce régime et aura l'impression d'avoir la part du prince !

Le foie, dont raffolent les chats, ne doit pas être donné trop souvent car sa richesse en vitamine A pourrait devenir toxique pour votre petit compagnon. S'il venait à devenir sa nourriture exclusive, il provoquerait chez lui des maladies rachidiennes graves.

L'alimentation de votre chat doit également contenir du riz (lavé après la cuisson pour retirer l'amidon), des flocons d'avoine, des légumes (épinards, haricots verts, carottes, salade) suffisamment cuits pour éviter les problèmes de digestion dus à la cellulose. Les légumes sont indispensables à bon transit intestinal.

Vous pouvez ajouter une ou deux fois par semaine un jaune d'oeuf aux aliments, riche en phosphore, en protéines et en vitamine A.

Les comprimés de levure de bière font le bonheur de bien des chats et ont l'avantage de soigner le poil, le rendant plus brillant.

Même si le chat adore le poisson la plupart du temps (dont il apprécie le fumet), le nourrir exclusivement de ce met peut développer des carences en vitamines chez lui, et notamment en vitamine B1 (indispensable au métabolisme des glucides et favorisant la transmission de l'influx nerveux).

Agrémentez de temps en temps son alimentation de petits plaisirs dont il raffole : une sardine (attention aux arêtes), du fromage blanc, du gruyère, des haricots verts, ... mais surtout, proscrivez le chocolat ! Ce délicieux dessert est hautement toxique pour le chat et malheureusement fatal pour lui ! Seule une intervention extrêmement rapide consistant en un lavage d'estomac peut le sauver, car il n'existe aucun remède à ce jour contre cette intoxication. Donc veillez à ne jamais laisser traîner du chocolat dans la maison, pour peu que votre compagnon à quatre pattes ait une envie soudaine de femme enceinte ...

Des recherches ont permis d'identifier les saveurs auxquelles réagissait le chat (en lui appliquant séparément à l'aide d'un pinceau différentes solutions sur la langue). Celui-ci goûte l'amer, le salé, le doux, l'acide. En revanche, il ne réagit pas au sucré. Il perçoit fortement la saveur de l'eau pure et est capable de détecter et de reconnaître des substances dissoutes dans l'eau et la salive.

La langue du chat, si rugueuse, est tapissée de papilles gustatives dures et pointues, dirigées vers l'arrière du palais, qui contiennent de plus des récepteurs du toucher et de la température. Celles-ci se retrouvent aussi sur l'extrémité de la langue, ce qui permet au chat - contrairement au chien - de goûter sans avaler. Les papilles au centre de la langue lui servent de crampons pour la nourriture, ou pour accrocher le poil quand il fait sa toilette.

Certains acides aminés excitent ces papilles gustatives, ainsi que le lactose. De nombreux chats ne supportant pas le lait (qui provoque chez eux des diarrhées), préférez comme nous l'avons vu du lait spécial chats (plus crémeux et épais), de la poudre d'os, du phosphate de chaux (plus difficiles à trouver en rayon de supermarché, il est vrai) ou encore du carbonate de calcium.

Les chats aiment les aliments frais et dédaigneront tout aliment qui soit resté un peu trop longtemps dans l'écuelle et dont la saveur et la composition auront été altérées par l'air. Ne croyez pas que votre matou se contentera d'un met éventé s'il n'a rien d'autre à manger. Il est capable de rester deux jours sans s'alimenter, à moins qu'il ne décide d'aller éventrer, pour pouvoir se sustenter, une de vos boites en carton dont le contenu correspond davantage à ses goûts culinaires (les Siamois semblent être des experts dans le domaine). Vous réaliserez alors qu'il est temps de changer le menu ! Servez le poisson frais cuit, après avoir enlevé ses arêtes et la tête. Soyez généreux avec les doses car le poisson contient moins de protéines que la viande. Ne nourrissez pas votre chat de poissons gras trop souvent : ceux-ci, riches en graisse, détruisent la vitamine E par oxydation.

Le chat aime le fromage, particulièrement à pâte dure (les fromages à pâte molle ont tendance à coller aux dents et notre malheureux chat passera des minutes interminables à se défaire de cette substance collante, avec maintes contorsions de la gueule. On a pitié !). Le gruyère semble avoir la palme d'or, le reste est du goût de chacun. Certains ne vont pas aimer les fromages trop forts, d'autres n'en feront aucun cas, c'est à vous de tester.

Les aliments/produits à ne jamais lui faire ingérer (la liste n'est pas exhaustive, donc prenez soin de vous renseigner avant d'initier votre chat à un plat dont il n'a pas l'habitude) sont les suivants : alcool, avocat, ail, blanc d'œuf, bonbons, café, chocolat (comme nous l'avons vu), échalote, foie en trop grandes quantités, oignon, pain, produits laitiers pour certains chats allergiques, raisin sec, thé, tabac (qu'il peut vouloir mâcher), antigel (le goût sucré l'attire) et bien sûr tout produit ménager. Tous ces produits sont dangereux pour votre animal, voire fatals, et les symptômes d'empoisonnement peuvent se déclarer rapidement comme quelques jours plus tard.[3]

S'il n'est pas satisfait du repas que vous lui avez préparé, il va renifler sa pâtée, repartir, revenir et renifler à nouveau, vous regarder avec des lèvres pincées et repartir au petit trot jusqu'à son panier pour y bouder avec un air faussement blasé, attendant que vous ayez l'amabilité de bien vouloir revoir le menu.

Pour avoir dans le futur un chat moins difficile sur la nourriture, donnez à sa mère pendant le sevrage de la portée, puis à votre chaton, des aliments variés en texture et en parfums. Si en revanche vous avez adopté votre chat à l'âge adulte, vous devrez suivre ses goûts, mais vous pourrez incorporer à sa nourriture de départ les compléments que vous jugez nécessaires, en petites quantités au début, puis en augmentant

---

[3] www.santevet.com/articles/chiens-et-chats-attention-aux-aliments-toxiques

les doses au fur et à mesure des semaines, tout en diminuant en proportion les aliments précédents.

Certains aliments sont défendus à nos amis les chats, pouvant les rendre malades ou même les faire mourir, tel que le cité plus haut chocolat, qui contient un alcaloïde puissant (la théobromine), fatal pour celui-ci. Cette molécule proche de la caféine n'est pas métabolisée par la plupart des chats. La théobromine est de même dangereuse pour les chiens. Les féculents, le choux, la charcuterie, les sauces (autres que celles accompagnant les viandes des boites), le poisson crû, les pommes de terre, les condiments et épices ne sont pas conseillés, ainsi que les os, dont les esquilles pourraient perforer la gorge ou l'estomac de votre petit animal.

Même si le chat n'est pas un grand buveur, il faut toujours lui laisser une coupelle d'eau fraîche, changée tous les jours.

Malgré tout vous voulez être sûr(e) d'apporter une nourriture adéquate à votre chat ? Vous pouvez le nourrir avec des aliments en boites. A priori, l'industrie de la nourriture pour animaux est aujourd'hui au point, même si de l'avis de certains vétérinaires cette alimentation est trop riche. Dans le doute, et à partir d'un âge avancé de votre chat (en années chat), pour qui une alimentation surveillée est de rigueur, achetez vos boites chez un vétérinaire (vous les payerez simplement un peu plus cher). De plus, les boites offrent une variété non négligeable d'aliments aux saveurs alléchantes.

Sachez néanmoins que lorsque vous commencez à nourrir votre chat avec une marque de boites, vous aurez du mal à l'en faire changer. Mieux vaut alors faire son choix parmi les marques principales, même si elles coûtent un peu plus cher que les sous marques. Demandez à votre vétérinaire quelle marque serait la plus adaptée (mais là encore, vous aurez un avis qui peut différer d'un vétérinaire à un autre et il vous faudra faire un choix).

Les croquettes ont l'avantage de ne pas être altérées par l'air, mais elles demandent à ce que le chat s'hydrate beaucoup plus. Elles ont longtemps eu la réputation de provoquer certains troubles de la vessie. Il semblerait que les fabriquant aient résolu le problème depuis (notamment en salant davantage les croquettes). Des croquettes spéciales existent aujourd'hui qui régulent le PH et évite la formation de calculs. Vous pouvez donc en donner sans peur à un chat castré. Mais n'oubliez pas de toujours mettre une coupelle d'eau fraîche à disposition de votre matou !

Les croquettes sont idéales pour les voyages, ou en tant que réserves lorsque le temps a manqué pour un ravitaillement en boites. Etant un aliment dur sous la dent, on leur prête la vertu de ralentir la formation du tartre, ennemi numéro 1 des gencives de votre chat.

N'essayez pas de faire de votre chat un végétarien, vous le tueriez à petit feu. Ils ont un besoin vital de substances qui ne se trouvent que dans la viande, ainsi que de grosses quantités de protéines. Dans la nature, ils ingèrent la quasi-totalité de leurs proies pour satisfaire ces besoins.

Les petits tas marrons et humides que vous trouverez de temps en temps sur le sol sont les boules de poils que votre chat a régurgités parce qu'il en avait trop dans l'estomac. Il faut alors l'aider à se purger. Le vétérinaire vous conseillera sur le produit à acheter, mais il existe également des produits naturels que vous pouvez vous procurer dans une boutique biologique par exemple, et qui éviteront à votre chat un traitement allopathique.

Contrairement à la croyance répandue, il n'a jamais été prouvé que les chats se purgent des boules de poils ingérés en avalant de l'herbe. Ils mâchouillent des brins d'herbe par plaisir. La valériane, appelée herbe à chats, n'est pas une herbe purgative mais diurétique ; les chats raffolent de son odeur.

Si vous voulez l'aider efficacement, donnez des poireaux cuits à votre chat, cela lui permettra d'éliminer plus facilement les poils ingurgités en se léchant.

Malgré tout l'amour que vous mettrez à lui préparer des plats succulents et variés, vous le verrez parfois plonger son museau dans la première poubelle ouverte, surtout si une odeur particulière a attiré son attention. Il est donc préférable d'avoir des poubelles rigides fermées et inaccessibles, car le risque est fort de retrouver un sac éventré, pour peu que vous ayez attendu avant de le jeter au vide-ordure.

Autre conseil, aux défenseurs de l'écologie et du tri des déchets : faites attention à aplatir vos boites de conserve vides afin que Minou ne s'y coince pas la tête.

Combien de fois par jour donner à manger à mon chat ?

Les chats aiment à se nourrir plusieurs fois par jour, mais s'il est bien dans sa peau, le vôtre n'exagèrera pas et se contentera de ce dont il a besoin pour sa journée (ou sa nuit).

Le système digestif du chat est parfaitement adapté au régime de 15 à 16 repas par jour, d'environ 8 grammes à chaque fois. Votre félin est un grignoteur et supportera mal un repas par jour. En revanche, s'il devait manger plus que cela, faisant montre d'une certaine boulimie, il faudrait soupçonner un dérèglement physique ou psychologique (reportez-vous à la section « Quels sont les comportements anormaux du chat ? « pour plus d'informations à ce sujet).

Un des moyens de réguler l'appétit vorace de certains chats est d'employer un distributeur de nourriture à minuterie, dont le couvercle s'ouvre à heures fixes. Il est réglable de un à sept repas par jour, et vous pouvez même varier la quantité de nourriture selon le repas. Ce système a l'avantage de protéger les aliments de la contamination par l'air et par les mouches. Votre chat appréciera certainement cette occasion offerte de pouvoir grignoter plusieurs fois dans la journée. Certains distributeurs proposent même d'enregistrer un message personnalisé pour votre chat, diffusé lorsque le couvercle s'ouvre !

En été, les croquettes seront plus hygiéniques car elles ne risquent pas de se décomposer avec la chaleur. D'après certaines études, elles auraient l'avantage d'abraser le tartre sur les dents du chat et de prévenir d'éventuels problèmes de gencives dus à un manque de mastication. Dans cette même optique, habituez votre chat à la nourriture coupée en gros morceaux : il la déchiquettera pour son plus grand bien !

Ne laissez pas les aliments en boite trop longtemps à l'air libre ; de toutes les façons votre chat la dédaignerait et pourrait vous bouder. Les aliments en boite pour chats peuvent rester une douzaine d'heure dans l'écuelle, à condition d'être protégés des mouches et de la chaleur. Une boite ouverte se conserve 48h au réfrigérateur. Faites attention à ne pas servir une nourriture trop froide à votre chat (il se détournera de l'assiette si les aliments ne sont pas à la température adéquate pour son fin palais). Vous pouvez toujours la lui tiédir au bain-marie si vous avez un ouragan dans les jambes miaulant famine à tue-tête.

Quoi qu'en dise le porte-monnaie, une nourriture achetée chez le vétérinaire semble mieux équilibrée et évitera les carences en minéraux et vitamines rencontrées parfois avec une alimentation achetée en supermarché. L'obésité n'épargnant pas les chats, surtout les oisifs, il est important de veiller à un équilibre dans sa nourriture. Si votre chat est stressé, il aura tendance à compenser par la nourriture, et il est alors peut-être préférable d'investir dans le distributeur automatique réglé à heures fixes.

De façon générale divisez la ration journalière de votre chat en deux parts, une le matin et une autre le soir : de cette façon, vous ne risquerez pas de surdoser la quantité de nourriture dont il a besoin et vous éviterez ainsi l'éventuel passage de votre Minet dans la catégorie Sumo. Un chat équilibré et qui ne s'ennuie pas mangera raisonnablement, quelle que soit la quantité de nourriture qu'il aura dans son assiette. Une petite chatte ne mangera qu'une demie boite de 380gr par jour, alors qu'un gros matou avalera la boite entière. Avant de rationner votre chat, demandez-vous ce qui le perturbe au point qu'il compense en mangeant. La suppression de la cause rééquilibrera de façon naturelle son appétit.

Le chaton, lui, est soumis à un autre régime et aura besoin de quatre repas par jour. Ne lui laissez pas son assiette pleine plus de 10 minutes et jetez les restes. A neuf mois, déjà adulte, il se suffira de ses deux repas servis par jour. N'oubliez pas de toujours laisser une écuelle remplie d'eau fraîche.

Les indicateurs qui doivent vous alerter chez votre chat sont la perte ou la prise de poids excessive. Une visite chez le vétérinaire ne sera pas superflue, afin de déterminer la cause exacte de ce changement si vous n'avez aucune idée des bouleversements introduits dans la maison ou si vous ne trouvez pas tout de suite la cause de cette réaction anormale chez votre chat.

Comment savoir si mon chat est trop gros

Comme chez les humains, les chats souffrent parfois d'obésité. Cette anomalie n'est pas plus à prendre à la légère que chez leurs maîtres. Il est tentant de nourrir son animal de compagnie dès qu'il nous fait les yeux doux et nous trouvons adorable le côté un peu rondouillet qui en ressort. Ce n'est malheureusement pas une bonne idée pour la santé dudit chat.

Nous l'avons vu, le chat est gourmand et a tendance à devenir paresseux dès lors qu'il a trouvé en vous le moyen de se nourrir sans avoir à trop se dépenser. Il a appris à miauler pour quémander, à ouvrir de grands yeux intéressés pour vous regarder, à se frotter à vous lorsque sonnent les heures de ses repas, et il ne va pas s'en priver.

Un chat pèse en moyenne entre deux et cinq kilos. La meilleure façon de vérifier si votre chat est trop gros est de le palper. S'il est plus qu'évident au premier regard qu'il est obèse, inutile de passer par là, il faut le mettre sans délai au régime et au sport. Attendre, c'est l'exposer à de futures maladies irréversibles, comme le diabète.

Lorsque vous touchez son thorax, vous devez pouvoir sentir ses côtes et les compter. Attention toutefois aux côtes trop apparentes : elles signifient que votre chat est trop maigre et doit être davantage nourri, avec des aliments indispensables à sa bonne santé.

Si vous sentez ses côtes mais ne pouvez pas les compter, c'est que votre petit animal est déjà en surpoids.

Si à la place des côtes, vous touchez de la graisse, l'obésité est déclarée.

De la graisse accumulée au niveau de la colonne vertébrale et des muscles lombaires n'est pas un bon signe, là encore.

Terminez par son ventre : il ne devrait pas avoir de différence entre son thorax et son abdomen. Si une petite bedaine est visible, votre chat est bon pour un régime !

3e partie : Passons aux choses sérieuses ...

Quels sont les vaccins à lui administrer ?

Plusieurs vaccins, dès l'âge de 3 mois, sont obligatoires (coryza) ou conseillés (leucose). Les vaccins les plus courants sont celui contre la panleucopénie (ou typhus du chat), contre la rhinotrachéite, et bien sûr contre la rage (anti-rabique).

Le FIV (une sorte de Sida des chats) étant une maladie mortelle contre laquelle il n'existe pas de traitement préventif, la solution pour un chat vivant à l'extérieur serait de le castrer de façon à calmer ses ardeurs bagarreuses et éviter ainsi la contamination par d'autres chats du quartier porteurs du virus. Le vaccin contre le FELV (leucose) existe. Les rappels des vaccins sont annuels.

Le vaccin contre la rage n'est pas obligatoire en France (à l'heure où ces lignes sont écrites) mais l'est dans certains autres pays, tenez-en compte au moment d'envisager vos vacances avec votre petit animal hors des frontières. Sachez également que plusieurs pays gardent les animaux entrant sur le territoire en quarantaine. Renseignez vous auprès des ambassades ou consulats des pays concernés pour connaître leurs exigences en la matière.

Les chatons ne doivent pas être vaccinés avant l'âge de huit semaines. Vous pouvez profiter de la vaccination pour demander à votre vétérinaire des conseils sur les soins à prodiguer, l'élimination des parasites, ... Il est parfois nécessaire de traiter le chaton avec un vermifuge ses premiers mois.

Vous payerez moins cher les vaccins et l'identification par puce électronique en allant dans un dispensaire. Comptez environ 45 à 65 euros[4] par an pour les rappels. Quelques compagnies d'assurance prennent en charge certains frais médicaux des animaux domestiques, parfois jusqu'à un certain âge seulement et pas au-delà. Certaines opérations chirurgicales peuvent coûter très cher (l'ablation d'une tumeur par exemple – incluant les analyses et les visites chez le vétérinaire qui précédent et suivent l'opération – coûte entre 250 et 400 euros). Une compagnie d'assurance coûte entre 10 et 15 euros par mois, selon l'âge de votre chat (attention : les assurances n'assurent souvent plus à partir de la onzième année du chat).

---

[4] Prix 2015

Le bon vétérinaire : comment le choisir ?

Pour faire le bon choix en matière de vétérinaire, vérifiez en premier lieu s'il est bien diplômé et immatriculé, et qu'un service d'urgence avec garde tournante a bien été mis en place dans le département de façon à pouvoir répondre 24 heures sur 24 … hé bien aux urgences.

Plus vous en apprendrez sur votre chat, plus vous serez à même de juger s'il s'agit bien d'une question de vie ou de mort pour lui et pourrez prendre la décision de réveiller un vétérinaire. Les vétérinaires sont censés demander au précédent le dossier médical de votre chat pour pouvoir continuer de le suivre. Ce qui ne devrait pas poser de difficulté si vous n'avez pas changé de vétérinaire trop souvent.

Plutôt que d'emmener votre chat faire la tournée des médecins vétérinaires pour trouver celui que vous adopterez en fin de compte, allez en visiter plusieurs sans votre animal afin de vous faire une idée de l'endroit et de son sérieux. Le cabinet de vétérinaire doit être propre, son personnel au fait des procédures indispensables d'hygiène et de confort (j'ai vu un vétérinaire fumer dans son cabinet en présence des animaux et de leurs maîtres !) et délicat avec les animaux.

Lorsque vous avez fait votre choix, ne partez pas du principe que vous ne pouvez plus revenir sur votre décision. Si votre vétérinaire fait miauler votre chat de douleur lors d'une prise de sang parce qu'il n'arrive pas à le maîtriser, changez-en ! Une prise de sang ne doit pas faire mal.

N'hésitez surtout pas à trouver un autre vétérinaire si vous sentez que ses façons de faire ne sont pas orthodoxes ou si vous ne vous sentez pas en confiance.

Vous pouvez vous tromper lors d'un premier choix, mais n'imposez pas cette torture deux fois à votre animal !

Quels produits avoir chez soi ?

Il existe des produits naturels de la médecine alternative qui peuvent aider efficacement votre chat dans certaines occasions : lorsqu'il est nerveux, une préparation à base de plantes ou d'huiles essentielles peuvent le calmer. Toute une panoplie de produits naturels sont en vente dans les magasins spécialisés (des catalogues sont souvent proposés sur les sites Internet de ces boutiques), les chatteries, ou parfois chez le vétérinaire. Vous trouverez également ces produits sur les lieux d'exposition, lors de concours.

Attention néanmoins à ne pas laisser les huiles essentielles se diffuser plus de 30 min., en aérant la pièce, pour ne pas provoquer d'irritation nasale ou de la gorge, aussi bien chez le chat que chez vous. A déconseiller la nuit pendant que vous dormez.

Au risque de faire baisser les ventes de ce genre de produits, les brûleurs d'huiles essentielles (c'est à dire ceux qui chauffent l'huile à l'aide d'une bougie), très jolis au demeurant, sont totalement inefficaces car ils détruisent le principe actif de l'huile, ne lui laissant que son parfum. Un diffuseur céramique électrique sera plus adapté, ou mieux encore un diffuseur électrique à micro diffusion (qui vaporise l'huile sous forme d'un brouillard d'aérosol, lui permettant ainsi de conserver toutes ses propriétés thérapeutiques).

Certains comportementalistes n'approuvent pas l'utilisation des huiles essentielles, arguant qu'elles perturbent le sens olfactif du chat, qui ne retrouve plus alors ses marques parmi les autres odeurs. Même réflexion avec les phéromones de synthèse. Il est vrai qu'il est préférable de soigner les troubles de comportement de votre chat en éliminant si possible la source de son dérangement plutôt qu'en en traitant les témoignages.

Les avis étant partagés, le mieux est de vous fier à votre chat et d'observer ses réactions à court et à moyen terme pour décider si oui ou non ces diffusions le gênent.

4e partie : Comment m'occuper de mon chat

Griffé ou dégriffé ?

Adopter un chat, c'est accepter sa nature de chat et en prendre la responsabilité. Si la charge semble trop lourde, il est préférable de se tourner vers l'achat d'un animal moins exigeant (des poissons par exemple).

Il est maintenant interdit de faire dégriffer son chat en France, selon le décret d'application du 11 mai 2004 (n° 2004 - 416) portant convention de la convention européenne pour la protection des animaux de compagnie.

Dans ce décret, au chapitre II « Principes pour la détention des animaux de compagnie », l'article 10 « Interventions chirurgicales » stipule que :

« 1- les interventions chirurgicales destinées à modifier l'apparence d'un animal de compagnie ou à d'autres fins non curatives doivent être interdites et en particulier : a) la coupe de la queue ; b) la coupe des oreilles ; c) la section des cordes vocales ; d) l'ablation des griffes et des dents. »

L'ablation des griffes est une opération douloureuse qui prive le chat de son instrument principal pour se défendre, grimper aux arbres, sauter à de grandes hauteurs ou fuir le danger. Au-delà de cette infirmité, la mutilation a un effet traumatisant sur lui. Heureusement pour ces animaux, la loi les protège dorénavant.

Beaucoup d'autres solutions peuvent être envisagées pour éviter que votre chat ne s'en prenne à vos meubles ou à vos tapisseries, dont l'action de lui couper régulièrement les ongles. Si malgré tout votre chat semble griffer certains meubles par 'pur plaisir' et notamment au moment où vous le regardez, demandez-vous si vous ne venez pas de lui interdire quelque chose qui l'a contrarié, ou si vous ne l'avez pas laissé trop longtemps sans compagnie.

En temps normal, le chat s'occupe de ses griffes tout seul. Vous le verrez même parfois mordiller ses griffes pour les couper (« mon dieu, mon chat se ronge les ongles ! »). Mais il se peut que vous ayez à les lui couper si votre chat est trop vieux ou trop malade pour avoir l'énergie nécessaire à cela.

Le chat possède quatre griffes sur les pattes arrière et cinq sur les pattes antérieures (la cinquième pousse sur un ergot). Si l'ongle de l'ergot n'est pas coupé, il continue de pousser, et en revenant sur la peau il peut appuyer dessus et blesser la patte.

Pour couper les griffes de votre matou, il faut avoir la main sûre, ou l'emmener chez le vétérinaire. Si vous vous sentez suffisamment l'âme intrépide, munissez-vous d'une pince à guillotine. Placez votre chat dos à votre poitrine, prenez une de ses pattes dans votre main et faites sortir chaque griffe en appuyant délicatement avec votre pouce sur la dernière phalange. La griffe sortie est formée d'une partie translucide et d'une partie rose vif à laquelle il ne faut absolument pas toucher (c'est là que se trouvent les vaisseaux sanguins de l'ongle).

Ne sectionnez que la pointe de la partie blanche, dans le sens de la griffe. L'arrêt protection de la pince délimite la longueur à couper, ce qui sécurise l'opération. Il faut veiller dans tous les cas à laisser dépasser au moins trois millimètres de la partie translucide.

O.R.L. : comment m'en occuper ?

Votre chat fait sa toilette scrupuleusement tous les jours et cela ravit votre amour de la propreté, mais il est des soins pour lesquels vous intervenez néanmoins, surtout lorsque vous avez un chaton ou que votre chat est malade.

Les oreilles, les yeux et la bouche doivent faire l'objet d'une attention particulière. Nettoyez le coin de ses yeux si besoin (avec une compresse humide d'eau bouillie ou de camomille), mais si votre chat n'a pas d'infection oculaire, l'opération est normalement inutile.

Les dents sont très importantes pour votre chat : il faut pouvoir détecter l'apparition du tartre et envisager des détartrages pour qu'il continue de garder sa dentition entière. La plaque dentaire, constituée de bactéries et de débris alimentaires, se dépose sur la surface des dents, leur donnant une coloration orange. Elle apparaît en premier lieu au niveau des dents du fond. Elle a pour résultat, à la longue, une haleine nauséabonde et l'inflammation des gencives, pouvant aller jusqu'à la perte des dents. De plus, les bactéries peuvent passer dans le sang et contribuer au développement de maladies cardiaques et rénales chez le chat âgé. En revanche, un chat n'a pour ainsi dire jamais de carie.

Il est possible de brosser les dents de votre chat et certains maîtres le font, même si ce n'est pas une tâche aisée (le chaton aura tendance à considérer la brosse à dents comme un jouet, qu'il mordillera avec grand plaisir !). Ne brossez pas les dents de votre chat avec un dentifrice pour les humains : il ne lui convient pas et peut lui être nuisible, surtout s'il en avale.

Il existe de petites brosses spécialement conçues pour eux (très souples), et vous pouvez utiliser une pâte à détartrer spécialisée dont la formule contient des enzymes qui aident à la décomposition des dépôts dentaires. Le brossage s'effectue verticalement sur toutes les dents. La bouche n'a pas besoin d'être rincée, la pâte étant inoffensive à l'ingestion. Des dentifrices existent également sous forme de spray. Vous pouvez si vous le désirez laisser tomber sur ses dents quelques gouttes d'extrait de propolis, qui tue les bactéries et crée un film protecteur sur les dents et les gencives.

Pour l'instant, aucune solution réellement efficace n'a encore été trouvée pour prévenir l'apparition du tartre, à part – dans une moindre mesure – le masticage d'aliments durs tels que les croquettes.

Les croquettes – comme les comprimés à croquer - ont en partie un effet abrasif sur les crocs occasionné par leur broyage consciencieux. Coupez en gros morceaux la viande que vous donnez à votre chat (pas trop quand même pour qu'il ne s'étouffe pas), afin que la pression exercée par ses mâchoires en déchiquetant et mastiquant renforce ses gencives. Le tartre s'installera davantage sur les dents d'un chat uniquement nourri de pâtées molles.

Un détartrage permettra d'éviter l'inflammation infectieuse de la gencive (pyorrhée) qui amène à un déchaussement progressif des dents. Celui-ci se fait par ultrasons, chez un vétérinaire, alors que le chat est sous anesthésie. Une anesthésie n'étant jamais très profitable au corps, il est conseillé de ne pas réitérer le détartrage trop souvent. En général, le vétérinaire le préconise si la couche de tartre est vraiment trop épaisse. Un chat peut avoir besoin d'un détartrage au bout d'un an, comme jamais. Mais il est important de faire quelque chose à ce sujet si le tartre s'installe, ne serait-ce que pour le bien-être de votre chat, qui même s'il ne dit rien, doit souffrir lorsque les gencives commencent à être sensibles.

Les dents resteront bien blanches jusqu'à environ un an et demi. Si votre chat le supporte, vous pouvez frotter régulièrement ses gencives avec un citron.

Lorsque vous vérifiez l'état de la bouche, regardez si les muqueuses sont bien roses. Si au contraire le tout vous paraît décoloré, si votre chat semble fatigué, demandez une analyse de sang : il est possible qu'il ait une carence en globules rouges. Ce peut être une maladie causée par un parasite ou peut être une tumeur. L'important est de déceler les symptômes le plus tôt possible pour une intervention rapide qui laissera davantage de chances à votre chat de récupérer dans les meilleures conditions.

Les oreilles maintenant seront nettoyées avec délicatesse, sans aller jusqu'au fond du pavillon. Elles ne doivent contenir qu'une fine couche de cérumen. Proscrivez l'éther et l'huile d'amande douce pour leur nettoyage.

Il est nécessaire de maintenir le chat pour lui nettoyer les oreilles, car il n'aime pas forcément ce traitement. Pour cela, saisissez fermement le pavillon de l'oreille et tirez-le doucement vers le haut, tout en maintenant la tête du chat. Nettoyez le pavillon avec un coton humide, sans aller trop loin (opération délicate avec une seule main !). Le coton doit toujours rester visible. Puis massez-lui le pavillon, ce qui permettra de décoller d'éventuelles croûtes.

L'important est d'aller vite sans être stressé, sinon vous communiquerez cette tension chez votre chat qui vous la rendra à son tour toutes griffes dehors !

Il faut pouvoir à ce moment-là reconnaître ce qu'est la gale : elle se présente sous la forme d'une cire foncée et granuleuse. Le chat alors ne cesse de se gratter les oreilles. Si après examen il s'avère que votre chat a bien attrapé la gale, votre vétérinaire lui prescrira des gouttes auriculaires.

Comment dois-je brosser mon chat ?

La plupart des chats - même s'ils ont été habitués très tôt - n'aiment pas le brossage, tout particulièrement sur les cuisses et l'arrière-train. Il est possible que ce temps dédié à son confort et à sa beauté se mue soudain en une course-poursuite si jamais votre chat a ressenti de la douleur au dernier brossage.

Profitez en tous cas de ce moment avec lui pour vérifier la présence d'éventuels parasites ou autres phénomènes anormaux. Ainsi, si problème il y a, celui-ci pourra être traité immédiatement.

Les chats à poils longs demandent davantage de soins que les autres, car leur fourrure a tendance à s'emmêler facilement, et les nœuds ainsi formés leur tirent douloureusement la peau. Il faut donc les brosser quasi quotidiennement, en insistant sur l'intérieur des pattes et l'arrière-train, et ne laisser passer aucun nœud à l'inspection sous peine de devoir un jour – à force de négligence – faire raser votre chat pour le soulager (ce qui, au-delà des frais financiers, lui occasionnerait une anesthésie générale, loin de lui être profitable).

Un amoureux des chats m'a confié un jour qu'il avait trouvé comme solution à la fuite de son matou, de présenter en même temps que le peigne des croquettes, qu'il donnait en récompense pendant et après le brossage. Mais attention avec cette méthode à ne pas tirer sur la peau en brossant, car le chat pourrait fort bien assimiler la nourriture à la douleur !

Si vous avez un chat à poils longs, achetez votre matériel de préférence auprès d'un professionnel qui saura vous guider sur le choix du peigne en fonction du poil (les Chinchillas par exemple ont un duvet qui feutre très facilement sous leur première couche de poils longs, et nécessitent un peigne spécial). De l'électricité statique se formant rapidement au moment du brossage, pensez aux lotions lustrantes ou démêlantes qui adouciront le passage de la brosse ou du peigne et empêcheront les petites décharges électriques si désagréables à notre petit félin.

Eliminez les nœuds, mais sans tirer dessus, avec la brosse ou le peigne. En écartant le nœud petit à petit avec les doigts, on peut le débrouiller suffisamment pour qu'un ultime brossage en vienne complètement à bout.

Vous pouvez être amené à couper un nœud qui résiste trop. Faites extrêmement attention à ne pas couper la peau de votre chat lors de cette opération délicate, car la base du nœud est très proche de celle-ci. Parfois, le fait de couper le sommet du nœud permet de pouvoir démêler le reste avec vos doigts, en tirant délicatement d'un côté et de l'autre pour écarter les fibres, puis de passer un peigne pour éliminer les dernières résistances.

Il n'est pas nécessaire de s'occuper du brossage d'un chat à poils courts plus d'une fois par mois (hormis au moment de la mue, où le brossage peut être plus fréquent). Utilisez une brosse souple pour un brossage doux de votre chaton. Pour les chats adultes, la brosse douce conviendra très bien aux poils courts tandis qu'une brosse métallique sera plus adaptée aux poils longs. Placez votre chat sur une surface blanche afin de pouvoir détecter la retombée de puces ou de leurs crottes (sous la forme de minuscules spirales noires) lors du brossage. Inspectez également le corps de votre chat en écartant les poils.

Pensez également à couper précautionneusement les poils qui recouvrent régulièrement ses coussinets, empêchant l'adhérence totale au sol (un chat qui dérape facilement sur un parquet a certainement trop de poils sous ses pattes).

Et pour éliminer facilement les poils d'animaux qui se seraient déposés sur les vêtements ou les fauteuils, passez dessus une brosse que vous aurez glissée au préalable dans une jambe de collant !

Quelle solution pour les parasites ?

La hantise du maître est bien de voir son chat et sa maison envahis un jour par les puces !

Les puces se présentent sous la forme de petits insectes sans ailes, qui peuvent sauter jusqu'à trente fois leur longueur. Elles vivent du sang de leurs hôtes. Les morsures de puces laissent de petites marques rouges sur la peau de votre chat.

Si le chat n'est pas traité suffisamment tôt, il peut développer une allergie à la salive des puces (surtout sous les climats chauds), qui lui occasionnera des démangeaisons insupportables (boutons rouges sur le crâne, croûtes de peau irritée sur les cuisses, ...), avec le risque qu'il s'irrite et s'infecte la peau à force de se gratter. Le corollaire est qu'il perd alors ses poils à différents endroits du corps à force de se lécher. Les petits boutons durs et secs sont suivis de plaies. Les puces peuvent également transmettre le ténia. Demandez conseil à votre vétérinaire pour savoir quelle poudre anti-parasitaire employer, et faites l'acquisition d'une collerette pour votre chat afin qu'il ne puisse pas se lécher durant le traitement.

Attention, certains produits contre les puces qui sont inoffensifs pour le chien peuvent être toxiques pour le chat, en comptant que ce dernier se lèche de façon quasi permanente. N'utilisez donc pas l'anti-parasite destiné à votre chien pour votre chat.

Le collier anti-parasitaire joue un rôle de prévention contre les puces mais il peut ne pas être toléré par certains chats. La solution pour ces derniers reste le traitement ponctuel, à renouveler au bout de huit jours pour plus de sûreté (n'oubliez pas de traiter par la même occasion son panier ainsi que tous les recoins où il a l'habitude de faire la sieste ou de se cacher).

Saviez-vous que les oeufs de puces peuvent résister jusqu'à six mois dans les endroits non traités de la maison ? Et que les puces pondent jusqu'à 50 oeufs par jour pendant trois semaines !? Faites le compte ...

La durée de protection du collier anti-puces est de deux mois. Le collier doit être suffisamment serré pour que le chat ne puisse pas s'en débarrasser d'un coup de patte, mais vous devez pouvoir insérer deux doigts entre celui-ci et le cou de votre chat. Il est préférable de laisser le collier à l'air libre pendant deux jours avant d'en parer votre animal.

En revanche, ne mettez pas de collier antiparasitaire à votre chat si celui-ci est malade, s'il a des problèmes de reins ou de foie, ou encore s'il est trop jeune (pas encore adulte) ou trop âgé. Et surtout ne combinez pas le collier anti-puces avec une bombe insecticide destinée à son panier ou à son environnement : les deux actions couplées représenteraient une dose d'insecticide toxique.

En dehors des puces, regardez bien la peau de votre chat pour vérifier si une tique n'y a pas élu domicile. C'est plutôt rare chez les chats, mais dans ce cas, il faut la retirer très vite car le rostre (les pièces buccales de la tique) entre sous la peau et provoque des infections locales dont les symptômes externes se présentent parfois sous la forme de véritables crevasses purulentes. Contrairement à ce qui est préconisé parfois, endormir une tique à l'éther avant de l'enlever n'est pas la chose à faire, car ceci provoque un relâchement instinctif de son abdomen, et la tique déverse alors sa salive sous la peau de l'animal. Cette salive peut générer alors chez le chat une infection généralisée (le chien contaminé par une tique peut quant à lui déclarer une piroplasmose, qui lui est fatale).

On retire une tique avec un petit instrument appelé pince à tiques ou crochet. Il est important de retirer le rostre de la tique d'une certaine façon, car celui-ci est recouvert d'épines qui se redressent sous la peau lorsqu'on tire sur le corps. Le rostre se brise alors et reste dans la peau, où il provoque des infections.

Le crochet sert à sortir la tique en entier, en la « dévissant » par effet de rotation de son corps. Les épines suivent alors l'axe de rotation et le rostre sort sans se casser. Le crochet n'exerce aucune pression sur le corps de la tique et donc évite qu'elle ne déverse sa salive sous la peau du chat.

Les poux peuvent de la même manière jouer les hôtes indésirables sur votre chat. Ce sont de petits insectes marron à pattes courtes munies de griffes, qui se déplacent le long des poils du chat et sur sa peau. Ils y déposent des lentes qui écloront sept à quatorze jours plus tard. Le traitement anti-poux doit ainsi avoir une grande rémanence afin de pouvoir également traiter les larves à leur éclosion (le produit ne tue que les poux adultes). Dans le cas contraire, il faudra réitérer le traitement. Le cycle de vie total s'étalant sur trois à quatre semaines (il se déroule en trois phases), un traitement local hebdomadaire pendant quatre semaines devrait traiter le problème dans son intégralité. Contrairement à la puce, le pou adulte ne peut survivre que quelques jours sans son hôte et donc tout le processus se passe sur l'animal. Demandez conseil à votre vétérinaire ou à une chatterie pour connaître le traitement le plus approprié. Il peut changer selon la race.

Il n'existe pas d'échange de « poux des carnivores » entre chat et chien, car leurs espèces diffèrent, ni entre les animaux domestiques et l'humain. Le pou est un marcheur et non un sauteur, un chat ne pourra donc transmettre ses poux qu'en étant en contact avec un autre chat.

Enfin lorsque vous peignez votre chat ou lui examinez bouche, dents, oreilles, palpez par la même occasion ses flancs : si vous les sentez amaigris sous l'épaisse fourrure alors que le chat mange à son habitude, vous pouvez suspecter la présence de vers qui eux, s'engraissent rapidement ! Vérifiez si de petits ronds blancs ne tapissent pas l'anus de votre chat ou si le pourtour ne présente pas une irritation. Dans ce cas, un traitement vermifuge sera alors de mise.

Puis-je lui donner un bain ?

Le chat est d'un naturel très propre, mais s'il arrive qu'il dégage une odeur désagréable (par exemple un chat qui peine à se lécher à cause de son âge ou d'une blessure), un bain (le moins souvent possible) peut lui être administré. Il faut savoir que le bain lui retire la vitamine D qu'il a naturellement sur le poil et qu'il ingurgite lorsqu'il se lèche, c'est pourquoi le toilettage doit rester une exception.

Si votre chat n'a pas été habitué très jeune à recevoir un bain, vous risquez d'avoir quelques difficultés à l'amener à tremper ses pattes dans l'eau !

De toutes les façons, évitez les douches, car la pression de l'eau sortant du jet ainsi que le bruit émis auront tendance à stresser votre chat et vous aurez le plus grand mal à le garder dans la baignoire.

Remplissez la baignoire au préalable avec 10 à 15 centimètres d'eau (selon la taille de votre chat) aux alentours de 38° (c'est la température habituelle moyenne d'un chat). Tapissez le fond de la baignoire d'un tapis antidérapant. Bouchez les oreilles de votre chat avec une boule de coton, puis amenez-le dans le bain en le caressant doucement. N'oubliez pas de fermer la porte de votre salle de bain pour éviter une inondation dans toute la maison si le chat venait à échapper à votre prise. Humectez-le avec un gant tiède jusqu'à ce qu'il se détende, puis massez-le en le lavant.

En le maintenant calmement par la peau du cou, il ne devrait pas opposer de résistance (hormis en cas de mauvaises expériences antérieures avec l'eau). Choisissez un shampoing pour chat au PH neutre (n'en mettez pas trop sinon vous passerez un temps infini à le rincer et la patience de votre chat n'ira pas forcément jusque-là !) et surtout rincez-le soigneusement (pensez que votre chat se lèchera tout de suite après). Son poil doit accrocher sous vos doigts. Soyez très vigilant à ne pas mettre de shampoing dans les yeux, le nez et la bouche de votre chat. Et n'oubliez pas de retirer les cotons de ses oreilles une fois le bain terminé !

Maintenant un chat ne réagit pas comme un chien, qui s'ébroue lorsqu'il est mouillé. Le chat aura tendance à rester où il est, l'air misérable, et commencera à se lécher pour se sécher. Frottez-le doucement et méticuleusement avec une grosse serviette éponge. Les chats aux poils longs nécessiteront un séchage plus complet, et vous pourrez à distance lui envoyer l'air chaud d'un séchoir à cheveux, programmé de façon à ce qu'il génère le moins de bruit possible.

Le toilettage enlève le lustre de la fourrure de votre chat, brillance qui reviendra quelques jours plus tard. En cas d'exposition féline, lavez votre chat environ une semaine avant la date pour pouvoir retrouver la brillance du poil le jour dit.

Monsieur le Chat revient penaud (ou au contraire l'oeil luisant), la tête basse et le pas rapide, le poil collé et poisseux ? Où donc encore est-il allé fureter ?!

Les tâches de cambouis, de goudron ou de peinture qui le décorent partiront avec de l'huile. Essuyez ensuite les parties huilées avec un coton puis lavez-les avec un shampoing pour bébé ou spécial chats avec un faible pouvoir moussant (plus pratique lorsque vous n'avez que quelques secondes pour rincer votre chat avant que celui-ci ne vous plante ses griffes dans les bras en cherchant à s'échapper).

Il existe également des shampoings secs mais qui ternissent le poil. Si le pelage de votre chat est trop gras, vous pouvez le saupoudrer de talc puis le brosser dans les deux sens.

Les salons de toilettage accueillant uniquement les chats sont plutôt rares. Vous trouverez plus facilement des salons pour chiens et chats. Rassurez-vous, ces deux espèces ne sont pas reçues en même temps (on imagine pourquoi !) : une partie de la journée sera dédiée au chien, et l'autre au chat, lorsque plus aucun chien ne sera présent dans le salon.

Votre chat peut y être lavé s'il est habitué à recevoir des bains chez vous, et s'il a moins d'un an. Au-delà, le shampoing sec s'impose, l'animal étant moins docile que le chien et risquant de riposter avec force griffes et dents s'il a peur de l'eau, d'autant qu'il sera manipulé par quelqu'un d'autre que son maître. Parfois le salon demande à ce que le maître reste pendant le toilettage pour rassurer l'animal.

Le brossage et le démêlage s'opèrent sans harnais - le chat ne supporterait pas – mais si trop de noeuds demeurent inextricables et si votre chat est trop craintif pour se laisser tondre sans réagir, il faudra envisager une visite chez votre vétérinaire pour le faire raser sous anesthésie (une anesthésie étant toujours délicate, mieux vaut brosser quotidiennement votre chat pour ne pas en arriver à ces extrémités). Les salons de toilettage s'occupent également de couper ses ongles et de préparer le matou en vue d'un concours.

Les pages jaunes ou Internet sauront vous diriger efficacement vers ces salons et vous pourrez faire votre choix en toute quiétude.

5e partie : A quoi pense mon chat ?

Comment vit mon chat le jour, la nuit ?

Un chat dort en moyenne quinze heures par jour, ou plutôt par vingt-quatre heures. Il a besoin d'être au calme durant cette période et gare à qui enfreint cette règle !

Vous le verrez souvent tel un pacha, avachi sur un meuble, les pattes ballantes, ou encore lové dans son panier, profondément endormi, mais la queue en éveil à la moindre mouche passante, et son flegme aura un effet apaisant sur vous. Vous vous direz que ces minutes de sérénité valent bien les petites bêtises qu'il fait de temps à autre.

Pendant ses périodes actives, la chasse (si votre animal a la chance de pouvoir sortir) et la toilette occuperont la majeure partie de son temps.

La toilette du chat – qui peut paraître anodine – a en fait plusieurs objectifs.

Le chat se nettoie-t-il uniquement par souci de propreté ? Mis à part cette raison tout à fait légitime de notre chat méticuleux (Il se débarrasse ainsi de la poussière accumulée), son pelage renferme de petites quantités de vitamine D qu'Il ingère en se léchant. En outre, il renforce ainsi son odeur (parfois altérée à la suite de soins médicamenteux) et stimule des glandes qui imperméabilisent son poil. Vous constaterez d'ailleurs que non seulement il se lèche, mais il tire aussi sur ses poils et même se mordille dans ce même but.

Cette toilette a aussi pour office de réguler sa température. En effet, en déposant de fines particules de salive sur son pelage, l'évaporation de celles-ci lui permet d'évacuer la chaleur de son corps. Car la peau du chat n'a ni pores, ni glandes sudoripares.

Enfin le toilettage mutuel permet aux chats d'échanger leurs odeurs et de s'apaiser mutuellement. C'est pour eux une marque d'affection, qu'ils témoignent de la même façon à leur maître en leur léchant la main ... ou le nez !

Le chat fera toujours sa toilette de la même façon : en partant de la tête, en continuant avec les pattes et les épaules, puis avec les flancs jusqu'à l'appareil génital et les pattes de derrière, pour finalement terminer par la queue. Le seul endroit de son corps que le chat ne puisse pas atteindre se trouve entre ses omoplates.

La toilette avec la langue est tellement instinctive chez le chat que lorsque vous lui caressez le bas du dos, sa langue reproduit instantanément l'action de lécher.

Lorsqu'un chat ne se lèche plus, il faut en rechercher la cause, qui peut être une maladie. A l'inverse, une toilette excessive peut être un signe de stress ou d'ennui profond.

La nuit est une période de grande activité pour le chat. C'est le moment qu'il choisit pour fureter, laisser libre cours à son indépendance et à ses instincts de chasseur. Il se dirige dans le noir grâce à ses vibrisses. Il n'est pas exact de dire qu'un chat voit dans l'obscurité totale. Sa pupille se dilatera bien plus que celle des humains pour absorber davantage les faibles sources de lumière, et son acuité visuelle sera plus importante, mais la différence ne va pas au-delà.

Il sortira plutôt au crépuscule et à l'aube, reviendra dormir assez tôt dans la nuit, même s'il doit repartir aux premiers rayons du soleil. Un chat qui est bien nourri et bien traité reviendra toujours à la maison, car il sait qu'un repas au moins est assuré et qu'il pourra avoir de la tendresse de la part de ses maîtres.

Vous aurez peut-être envie que votre chat rentre à la maison avant la nuit, car les phares des voitures peuvent l'éblouir et lui ôter les réflexes nécessaires à sa survie. En général, le chat rentre volontiers au bercail après une partie de chasse acharnée et ne se fera pas prier pour aller rejoindre son petit nid douillet.

Si vous décidez de lui aménager un coin dans le garage ou sous un abri, rendez la place aussi chaude que possible, laissez de l'eau fraîche à cet endroit et accompagnez-le là-bas plusieurs soirs de suite, en lui parlant de manière douce et rassurée, en le caressant et en lui offrant quelques croquettes dans votre main.

Les chats aiment beaucoup manger dans votre main, c'est gage pour lui qu'il peut avoir confiance en la nourriture que vous lui présentez puisque c'est votre main qui la tient. L'odeur que dégage votre peau le rassure aussi car il la connaît et peut sentir ainsi que tout va bien.

Oiseaux, souris, lézards ... comment chasse t-il ?

Le chat a quatre allures : le pas, l'amble (il lève en même temps les deux pattes du même côté), le trot et le galop. Sa vitesse moyenne à la course est de 40 km/h, mais il n'a pas beaucoup d'endurance et se fatigue assez vite.

Lorsqu'il chasse notre félin révèle de multiples talents, passant de la posture immobile sur un rebord étroit au bond prodigieux dans les airs qui lui permettra d'attraper un oiseau en plein vol. Il a surtout la capacité à se déplacer sans faire de bruit, grâce à ses griffes rétractiles, à ses coussinets et à son incroyable souplesse.

Il viendra d'ailleurs volontiers déposer devant vous des cadavres de mulots, d'oiseaux, et parfois de lézards, de l'air fier du prédateur rapportant des mets de choix pour la famille. Ne le grondez pas pour ces 'présents' offerts, l'intention est bonne même si le résultat vous déchire le cœur. Vous ne pouvez pas demander de l'éthique ou des sentiments à un animal, pour qui la survie dans la nature est la seule loi à laquelle il obéisse.

Peut-être trouverez-vous le chat cruel dans sa façon de jouer avec sa proie blessée ou terrorisée, mais l'explication vient de ce que le museau du chat étant relativement court, il est très exposé aux griffures de l'animal qu'il pourchasse et a donc besoin de donner un coup de dents rapide, ciblé et décisif pour tuer sa proie. Il cherche donc l'angle le plus propice. Vous ne pouvez dans ce cas réprimander un chat pour avoir cherché à se protéger. L'instinct fait le reste.

Et s'il donne des coups de patte à un animal déjà mort, c'est qu'il ne comprend pas le phénomène et cherche à réveiller son compagnon de jeu.

Résignez-vous en vous disant que votre doux animal vous débarrassera des souris qui emménagent souvent dans les maisons de campagne. Vous n'aurez même pas besoin de mettre votre chat au régime pour qu'il chasse ; le ventre bien rempli, il est moins inquiet d'assurer sa subsistance et garde ainsi la concentration et les réflexes nécessaires à une poursuite effrénée.

Les chatons apprendront à chasser avec leur mère. Ils mimeront ses gestes et reproduiront ses actions et ses postures – caricaturées par elle – d'abord sous la forme de jeux puis de simulacres de batailles. Un chat qui a été élevé en appartement et dont les maîtres subviennent aux besoins toute sa vie va garder ce comportement de chaton jusqu'à un âge très avancé, cherchant le jeu dans tous ses rapports avec vous. Ne négligez pas cet aspect de lui, car plus vous entretiendrez ce plaisir, plus votre chat gardera vivacité et bonheur de vivre.

Quel est le caractère de mon chat ?

Notre chat a ses habitudes et une indépendance caractéristique de la race, et il n'aime pas trop qu'on le bouscule. Toutefois, il ne sera pas agressif et plutôt patient envers les jeunes enfants, à condition que ceux-ci ne le martyrisent pas ! Apprenez dès le départ à vos enfants à respecter votre chat autant qu'une autre personne, considérant le grand honneur que celui-ci nous fait de sa présence dans la maisonnée.

Il semblerait qu'un chat unique a tendance à garder toute sa vie un comportement de bébé (même les traits de sa frimousse conservent leur jeunesse et leur tonicité avec le temps). Ceci serait dû à l'identification qu'il fait de vous avec sa mère, n'ayant pas eu le sevrage total que celle-ci lui aurait apporté s'il était resté avec elle.

Le chat peut être très affectueux, mais aux moments qu'il aura choisis. Il devient têtu dès lors que la situation ne s'aligne pas avec ses desideratas. Chassez-le dix fois de vos genoux, il reviendra une onzième fois ! Lorsque, résigné, vous décidez de lui faire une petite place contre vous, il s'installe bien confortablement en s'étalant du mieux possible, satisfait d'avoir eu le dernier mot.

Les maîtres vont avoir tendance à choisir un chat qui corresponde à leur caractère, par osmose. Mais existe-t-il un comportement, un caractère propre à une race ?

Oui et non. Vous trouverez toujours des exceptions à la règle, même si l'expérience montre qu'un Persan sera plus calme et nonchalant qu'un Siamois, ou qu'un Chartreux est davantage solitaire qu'un Norvégien.

Les chats à tête triangulaire, de type orientaux, sont de façon générale très attachés à leur maître, et très vivaces (quoi de plus représentatif de la race que les Siamois des Aristochats !). Ils ont une intelligence très fine et sont pour la plupart assez espiègles.

Les Persans peuvent être très distants comme très affectueux, allant même parfois jusqu'à être « pot de colle », s'enroulant toujours dans vos jambes, s'installant sur votre journal, contre votre tête au moment du coucher, sur vos genoux dès que vous vous asseyez devant votre ordinateur, bref, il veut être partout où vous vous trouvez. La façon de miauler de certains Persans est très particulière, rappelant le grincement d'une porte dans des sonorités graves.

Le Chartreux aime sortir et son passe-temps favori est la chasse aux souris. C'est un chat fait pour la campagne.

Le chat américain Curl est fidèle, vif sans être nerveux, et silencieux. Son miaulement ressemble plutôt à un roucoulement.

Mais celui ou celle qui aime les casse-cous jettera son dévolu sur le chat de gouttière, plus précisément appelé le chat européen. Ce chat est plus résistant aux maladies courantes, n'ayant pas été affaibli par des croisements multiples.

Ce ne sont que quelques exemples et les traits de caractère sont généraux, car chaque chat a sa personnalité propre et le maître qui choisit son petit félin va instinctivement prendre le chat qui lui correspond ou qui fait le pendant avec lui. Et par-dessus tout, il y a le propre choix du chat : s'il vient vers vous naturellement au milieu d'autres personnes et se frotte à vous, vous avez été adopté !

Si vous êtes du genre nomade, ne prenez pas un chat craintif car il aura du mal à s'adapter à la nouveauté ou à ne pas être exclusivement en votre compagnie.

Comment décrypter ses attitudes ?

Le chat a différentes façons de vous faire comprendre ce dont il a envie, ce qu'il réclame, ce qu'il vous offre. Il peut s'exprimer par des miaulements, mais également par des postures, des mimiques et des regards. Alors comment décrypter le langage de son corps ?

Tout d'abord, un chat qui lèche un autre chat sur le dessus de la tête lui exprime sa soumission.

Lorsqu'il se trouve devant une indécision, le chat se donnera quelques coups de langue sur l'épaule. Cela lui laisse ainsi – sous des dehors très dignes – le temps nécessaire pour choisir la solution qui l'avantagera (fuir, attaquer ou ignorer). S'il a été surpris en train de commettre un acte qu'il sait être interdit, et pour peu que vous ayez crié, il se mettra compulsivement à se nettoyer le museau à l'aide de ses pattes. Là encore, il s'octroie un temps de réflexion afin de savoir comment réagir à la situation.

Si Mister Matou se frotte contre les jambes de votre visiteur, alors ce dernier a reçu un droit de passage, ayant été accepté dans la Cour avec une sympathie royalement offerte par Sa Majesté.

Un chat qui vient se frotter à vos jambes, au-delà de la tendresse que ce geste semble traduire, dépose un certain nombre de phéromones sur vous. Les phéromones sont des substances chimiques que le chat laisse un peu partout et qui ont plusieurs significations, selon l'endroit de son corps qu'il choisira de frotter :

* Lorsqu'il frotte sa face ou sa queue le long des murs, sur le bas des portes ou des meubles, ... il dépose des phéromones apaisantes qui lui indiquent à tout moment qu'il est bien chez lui.

Les autres chats décoderont cette empreinte comme 'espace réservé !', ou encore « vous pouvez passer votre chemin sans crainte ».

Le chat va renifler l'odeur des marques laissées par les autres chats avant de décider si oui ou non il va y ajouter la sienne. Ces marques peuvent laisser de petites tâches brunes sur les murs ou les meubles, qu'il faudra nettoyer de temps en temps. Mais évidemment, cela signifie que vous supprimez les repères de votre chat, qui devra recommencer son travail de délimitation !

* Lorsqu'il vient frotter sa tête contre la vôtre ou contre votre visage (le bisou des chats !) dans un mouvement de contorsion vers la droite et vers la gauche, il est en train de noter pour lui : « Lui (ou Elle), c'est mon ami(e) ». Le chat a en effet des glandes odoriférantes sur les côtés de sa face, et l'odeur ainsi déposée a son empreinte unique, qu'il reconnaîtra entre toutes et qui le rassurera.

* Un autre type de phéromones est celui déposé par les coussinets, qui est avant tout un message d'alerte. Pourquoi par exemple un chat a-t-il peur sur la table du vétérinaire alors qu'il n'y a jamais mis les pattes auparavant ? C'est probablement parce qu'un autre chat y a déposé avant lui des phéromones lui indiquant que ce n'était pas un endroit agréable !

* Enfin le type le plus connu est celui des phéromones que le chat dépose lorsqu'il est en période d'excitation sexuelle.

Lorsqu'un chat claque des dents devant une fenêtre, c'est probablement qu'il a aperçu une proie et qu'il frémit d'impatience de l'attraper. Il reproduit instinctivement la morsure qu'il aimerait bien infliger à celle-ci.

Si vous voyez votre chat retrousser les babines dans une drôle de grimace, le corps dressé et la tête un peu relevée, comme s'il reniflait une odeur déplaisante, il est en fait en train de faire remonter ces odeurs par deux conduits situés derrière ses incisives jusque dans les cavités nasales, où elles seront décodées par l'organe de Jacobson, un détecteur odorant sophistiqué (voir la section « Comment sent-il les choses ? » pour plus de précisions). Cette sorte de bâillement est plus connue sous le terme de « flehmen ».

Votre chat approche de votre bras ou de votre genou en ouvrant lentement la gueule ? Inutile d'avoir un mouvement de recul, il ne cherche pas à vous mordre ; il veut jouer avec vous ou que vous le caressiez.

Si un chat se gratte les oreilles et secoue la tête, il a peut-être des acariens ou des puces. Ayant été mise en garde contre certains produits vétérinaires anti-acariens à base de lindane, je préfère vous communiquer l'information : le lindane est un poison neurotoxique mortel en cas d'ingestion, et votre chat passe son temps à se lécher... Cet insecticide attaque le système nerveux et entraîne à de faibles doses des céphalées et des troubles du comportement.

Votre chat détale soudain dans toute la maison, faisant plusieurs fois le tour du salon, saute sur le canapé, dérape sur le parquet et se lance à nouveau dans une course poursuite infernale avec une souris invisible ? Non, il n'a pas de trouble du comportement et ne fait pas une crise de folie. Il décharge simplement son trop plein d'énergie, n'ayant pas l'occasion – s'il vit en appartement – d'aller chasser comme le lui commande son instinct.

Votre chat vous renifle le nez dès que vous approchez votre visage du sien : les chats qui se connaissent et s'apprécient se disent bonjour ainsi, en se frottant la tête et en se reniflant. Avec vous, il manifeste une grande affection. Et il vérifie en même temps, avec l'échange d'odeurs, si tout va bien.

Vous voyez votre chat sortir rapidement de la cuisine, un morceau de viande entre les dents, et s'aplatir lorsqu'il vous voit pour enfin filer. Ah ah ! Il sait qu'il a volé et maintenant il agit comme un coupable !

Hé bien non, il n'a aucun sentiment de culpabilité. Il vient de trouver à manger, il est très content et s'il vous voit, il se souvient simplement que vous pouvez crier lorsque vous entrez dans la cuisine. Il s'aplatit alors parce qu'il cherche à vous éviter. Mais même s'il n'avait pas trouvé pitance, il aurait agi de la même façon. Ne vous êtes-vous d'ailleurs jamais demandé pourquoi il vous fuyait parfois sans aucune raison ?

Au-delà de ces comportements « classiques », il en existe d'autres dont l'observation nous vient de la campagne :

Un chat qui se nettoie soigneusement la truffe annonce le vent (ce n'est pas une superstition mais bien l'observation du comportement des animaux en rapport avec les éléments naturels. Souvenez-vous que le chat a des perceptions auditives et olfactives bien plus fines que celles des humains).

Un chat qui monte et descend le long d'un rideau sent l'orage approcher. Le chien au contraire grattera le sol, restera silencieux et ira se mettre à l'abri.

Lorsqu'un chat se passe la patte derrière l'oreille gauche, il sent l'arrivée du beau temps et de la chaleur. En revanche, s'il se lèche les cuisses et s'installe près d'une fenêtre pour se passer ensuite la patte derrière les oreilles gauche puis droite, il annonce une pluie prochaine.

A l'arrivée prochaine d'une tempête, le chat tourne le dos au feu de la cheminée.

On peut supputer un hiver rigoureux si la fourrure de votre chat s'épaissit dès octobre.

Que dois-je comprendre lorsqu'il ronronne ?

Le chat ronronne à la fois en inspirant et en expirant. Personne ne sait exactement comment ce ronronnement est produit, et cette caractéristique est propre aux seuls félidés. Plusieurs théories s'opposent : l'une veut que le ronronnement soit le résultat de mouvements sanguins dans la veine cave : cette veine s'amincit pour passer dans le foie et le diaphragme, et dans certains états neurovégétatifs, le sang forme des remous dans cette sorte de goulot. Ceci provoque des vibrations dans tout le corps jusque dans les cavités crâniennes des sinus, par le biais de la trachée artère[5].

Une autre évoque la vibration du ligament de l'os hyoïde, qui relie la clavicule de l'animal à sa gorge.

La troisième parle des muscles laryngés, qui contrôlent l'ouverture et la fermeture de l'espace entre les cordes vocales : la glotte. Ces muscles s'ouvrent et se ferment rapidement pour produire le ronronnement.

Quoi qu'il en soit, le ronronnement est une émission de sons de basse fréquence (sons très graves, utilisés entre autres par les compositeurs de musique pour inciter à l'émotion), et des études ont montré que sa gamme de fréquences – entre 25 et 150 Hertz – contribuait à stimuler la croissance osseuse et la guérison.

Ces sons de basse fréquence auraient une action anabolisante (phénomène d'assimilation chez les êtres vivants), comme l'ont montré les résultats positifs qu'ont ceux-ci sur des fractures (action de consolidation) et sur des processus de cicatrisation (accélérée par ce biais). Certains médecins orthopédistes utilisent avec succès ces fréquences. Ainsi, les chats auraient cinq fois

[5] source: Lycos IQ, iq.lycos.fr/tags/chat

moins de séquelles que les chiens et se remettraient en forme trois fois plus vite3. Le ronronnement aurait donc bien un effet thérapeutique de récupération.

En premier lieu, il est important de comprendre qu'un ronronnement ne signifie pas toujours que le chat est heureux. Ce peut être pour lui le moyen de se rassurer car il a intensément peur ou a mal. Il se calme alors avec les vibrations générées par le ronronnement.

La chatte, de son côté, va ronronner lorsqu'elle a mis bas ses petits, pour les rassurer et leur indiquer où elle se trouve, les chatons étant aveugles à la naissance et jusqu'au 10e jour. Ceux-ci finissent par reproduire ce son qui est alors synonyme de bien-être. Le ronronnement sert également à indiquer la cadence de tétée pour calmer les plus goulus.

Bien entendu, le ronronnement est aussi un signe de bonheur complet ou de plaisir de vous voir, et se manifeste largement lorsque vous rentrez à la maison (si vous ne l'avez pas laissé trop longtemps seul, auquel cas vous aurez droit à un concert de reproches sous forme de miaulements de protestation durant plusieurs minutes), lorsque vous le caressez (il adore) ou simplement lorsqu'il a élu domicile sur vos genoux.

Une autre façon de manifester sa quiétude est de planter doucement ses griffes dans vos vêtements, en piétinant la partie de votre corps sur laquelle il s'est installé, comme s'il testait le moelleux de ce doux siège. Il retombe en enfance à ce moment-là et se comporte comme avec sa mère. S'il se couche sur le dos et se roule sur le sol en se contorsionnant, vous pouvez être sûr qu'il se sent dans un parfait état de sécurité.

Le ronronnement peut également signifier « Je viens en ami » (exemple d'un chat dominant à un chat soumis) ou « Je ne cherche pas la bagarre » (réponse du soumis au chat dominant)

Comment décoder un miaulement ?

Les chats émettent plusieurs sortes de miaulements, facilement identifiables, qui vont traduire des états différents. Certaines races miaulent plus que d'autres (le Siamois est un exemple de bavard invétéré !)

Il existe une bonne vingtaine de modulations de voix différentes et les plus identifiables pour expliquer un état d'être sont les suivantes :

1. Lorsque votre chat est content ou témoigne de la joie, son miaulement est plutôt aigu et se termine en voyelle ouverte (Mê, Miê) ;
2. Un miaulement doux est un signe de bienvenue ;
3. S'il a peur, ou s'il est en colère, son miaulement est plus grave et plus long, et se termine en voyelle fermée (Miaou-ou) ;
4. Un miaulement plus insistant et plus affirmé témoigne d'une faim ou d'une envie de sortir. C'est un miaulement pour nous appeler ;
5. Un miaulement sous la forme d'un bêlement aigu de faible intensité signifie que Monsieur Chat est très excité par ce qu'il voit et ne contient plus son impatience ... ou sa frustration. Ce type de miaulement saccadé survient parfois lorsque notre félin regarde à la télévision une émission animalière par exemple (tout chat qui se respecte se doit de rester informé sur les derniers événements du monde animalier) ;

6. Lorsque le miaulement est plus long et plus aigu, c'est le signe que votre chat a mal et veut vous le faire comprendre ;
7. Si le miaulement est très fort, ressemblant à un cri, c'est que la souffrance est intense ; il faut aussitôt entreprendre une action pour soulager votre chat (une visite chez le vétérinaire est indispensable) ;
8. Lorsque matou siffle, crache ou feule, c'est qu'il est en colère et qu'il a peur (ces manifestations orales sont généralement accompagnées d'un poil qui se hérisse et d'une posture arquée, les oreilles tirées en arrière). Les trois manières de s'exprimer se décomposent ainsi :
   - Il siffle (sssss...) : il se sent menacé et veut tenir son adversaire à distance,
   - Il crache (ffttt....) : le son est plus intense. Il signale à l'adversaire un peu trop insistant qu'il est prêt à se défendre,
   - Il feule (Booo ...) : l'attaque est imminente ;
9. Le chat miaule très fort en période de rut. Les sons émis sont souvent étranges et proviennent du fond de la gorge. Il revendique ainsi un territoire et tente d'impressionner les rivaux auprès de la femelle potentielle. En revanche, il « roucoule » pour attirer l'attention de sa belle ;
10. Un demi miaulement accompagné d'une sorte de claquement de la langue signifie que le chat est frustré (a-t-il laissé échapper l'oiseau qu'il convoitait ?) ;
11. Le miaulement peut devenir un vrai bavardage : il est alors d'un haut volume, très modulé, et donne l'impression que votre chat est en train de vous passer un savon ! C'est

probablement le cas et demandez-vous alors ce que vous avez oublié pour lui, ou si vous n'êtes pas rentré un peu trop tard à la maison.

12. Parfois il vous semble que votre chat vous a dit quelque chose de très important. Qu'il est bien le seul à comprendre, à moins que vous ayez développé une telle empathie avec lui que le message passe parfaitement. Il répond alors à vos questions et vos sollicitations verbales avec le même sérieux et la même verve qu'un être humain.

Les miaulements peuvent avoir une tonalité différente d'un chat à un autre, de grave à très aiguë, et parfois même ne ressembler à aucun miaulement communément entendu. Certains chats comme le Siamois peuvent être très inventifs en matière de sons. La manifestation sonore d'un chat peut parfois sonner à nos oreilles comme un grincement de gonds mal huilés plutôt que comme une douce mélopée.

Notre chat possède encore une bonne dizaine de façons de nous faire comprendre ce qu'il ressent ou veut, et il utilise même des ultrasons, inaudibles pour nous autres humains, afin de communiquer avec ses congénères.

Certains chats sont plus bavards que d'autres : les beaux parleurs sont le Siamois, le Rex, le Sphinx, l'Oriental ; les réservés sont le Persan, le Chartreux, l'Abyssin. Mais bien sûr, chaque règle a son exception, et plus vous parlerez à votre chat dès son plus jeune âge, plus vous aurez de chances qu'il vous « réponde » une fois adulte.

En novembre 2003 est sorti un appareil japonais du nom de « Meowlingual » (miaou langue) sensé traduire les miaulements de votre chat. Il se présente sous la forme d'un collier perfectionné intégrant un micro, qui analyse les modulations des miaulements et les traduit sur un boîtier connecté en phrases reflétant les désirs ou l'humeur de votre chat. « Ah, il ne leur manque plus que la parole ! » ? Eh bien c'est fait !

Jusqu'où voit-il ?

Contrairement à ce que l'on pourrait penser, le chat est myope (il voit flou au-delà de 0,8 mètre). Son acuité visuelle est de 5 à 10 fois plus faible que la nôtre. Il perçoit donc moins bien les détails, qui apparaissent granuleux sur les objets fixes.

En revanche, son champ de vision est plus étendu que le nôtre : 287 degrés contre 200 degrés pour nous. Il appréhende le relief jusqu'à 20 mètres (la position frontale des yeux favorise sa perception tridimensionnelle) et il est sensible aux contrastes de luminosité et aux mouvements. Il lui faut six fois moins de luminosité qu'un humain pour distinguer un objet avec la même netteté. La nuit, la couche de cellules rétiniennes – appelée tapetum lucidum – qui recouvre son œil et lui donne cet aspect brillant, agit comme un miroir et renvoie la lumière, ce qui la fait passer une seconde fois dans la rétine. L'acuité visuelle du chat est ainsi multipliée par deux dans l'obscurité.

S'il ne voit a priori ni le rouge ni les couleurs vives, son oeil perçoit toute une palette de tons pastel (le vert et le bleu sont perçus avec exactitude) et une multitude de nuances de gris. Comme chez l'humain, sa rétine est équipée de deux récepteurs de lumière : les bâtonnets, pour le noir, le gris et le blanc, et les cônes, pour les couleurs. Mais le chat est moins nanti en cônes qu'en bâtonnets.

Il fait donc davantage confiance à ses autres perceptions comme l'odorat, le toucher et le mouvement pour évaluer son environnement immédiat. Le miaulement que vous entendez lorsque vous rentrez chez vous est peut-être un « Est-ce bien toi ? ».

C'est dans la perception des mouvements que se fait toute la différence. Un objet en action lui apparaîtra plus nettement. Le chat peut détecter un mouvement d'à peine 0,4 cm par seconde. Avant de bondir sur sa victime, il incline souvent la tête. Cela lui permettrait d'accommoder sa vision pour viser au plus juste et augmenter ses chances de réussite[6].

La particularité de l'œil du chat est d'avoir une troisième paupière, la membrane nictitante, qui se ferme à partir du bord inférieur du coin interne de l'œil (près du museau) vers l'extérieur. Si cette membrane ne se ferme pas entièrement, ce peut être le signe d'un problème de santé, comme des troubles digestifs, une infection due à des parasites ou encore une entérite (une inflammation de la muqueuse de l'intestin grêle).

---

[6] chats.annoncesetanimaux.com

Entend-il comme les humains ?

Son ouïe est extrêmement développée, il peut entendre les ultrasons d'une souris agitée qu'un chien ne percevrait pas ! Il perçoit en fait les écarts de 10ème de ton dans les hautes fréquences du son, et les quarts de ton dans les fréquences moyennes. Ses oreilles peuvent pivoter indépendamment l'une de l'autre grâce à leurs vingt-sept muscles, et leur pavillon en cornet facilite la localisation des bruits et leur distance. Il est pratiquement impossible de toucher ou de s'approcher d'un chat qui dort sans le réveiller aussitôt.

Cette sensibilité accrue aux sons lui a valu de nombreuses légendes affirmant qu'un chat pouvait prédire les tremblements de terre. Une explication plus vraisemblable est que son oreille ultrasensible peut capter des vibrations imperceptibles pour nous, ou encore que ses vibrisses captent un changement d'air.

Comment sent-il les choses ?

Ses poils et ses vibrisses sont de véritables capteurs sensitifs qui amplifient le moindre contact. Les vibrisses – ces longs poils blancs qui ornent son museau ou l'arrière de ses pattes antérieures – sont de puissantes antennes sans lesquelles le chat ne saurait se mouvoir aisément dans l'obscurité. La base de la vibrisse est en fait implantée dans un sinus sanguin ; la sensibilité au moindre déplacement d'air est donc amplifiée. Le chat possède quatre à cinq de ces poils sur quatre rangées. Ils seront en arc de cercle lors d'activités telles que la chasse, l'approche amicale ou l'affût, et rabattus en arrière lors d'une attaque.

Il ne faut pas couper les vibrisses de votre chat car celles-ci sont les garants de son équilibre et de son orientation. Elles ont la même fonction que la perche de l'équilibriste !

Ce ne sont pas les seuls atouts de ces poils, qui parfois font office de sourcils chez certains chats. En effet, ils servent à retrouver l'origine d'une odeur portée par le vent (que ce soit celle de la nourriture ou celle d'une femelle en chaleur), à vérifier si une proie est bien morte sans avoir à la lâcher, à juger de la force et de la direction du vent avant de bondir, à exprimer des émotions diverses ou encore à saluer d'autres chats.

Contrairement à l'humain qui a besoin de plusieurs centaines de molécules odorantes pour pouvoir reconnaître une odeur, le chat n'a besoin de détecter qu'une seule de ces molécules, et il associera également l'odeur à une émotion. Cette particularité est due à des cellules olfactives qui tapissent l'organe de Jacobson (un détecteur odorant très élaboré) situé sous les fosses nasales et communiquant avec la cavité buccale. Ces cellules suivent les conduits nerveux jusqu'au bulbe olfactif à qui elles transmettent les informations[7].

Vous verrez d'ailleurs souvent votre chat faire une grimace en retroussant ses babines et en relevant légèrement la tête, le corps dressé. Il agit ainsi pour permettre aux odeurs de remonter par deux petits conduits situés derrière les incisives jusqu'à deux « sacs » remplis de fluide, dans les cavités nasales chargées de concentrer les odeurs.

Les phéromones (ou molécules odorantes) sont de la même façon identifiées par l'organe de Jacobson, ce qui permet au chat de reconnaître par exemple le sexe d'un autre chat en reniflant son urine ou, s'il s'agit d'une femelle, de déterminer son cycle hormonal.

On peut dire que le chat a un odorat quarante fois plus efficace que celui de l'humain. Grâce à ses performances, il peut détecter la nourriture avariée et toxique. Etait-il utilisé du temps de la Rome antique pour révéler les mets empoisonnés issus de complots entre nobles ?

Une odeur dont raffole le chat est celle de l'olive verte. Présentez-lui une olive ou son noyau et il entrera dans une espèce de transe quasi amoureuse, se frottant comme un fou contre le noyau, donnant des coups de tête, se roulant par terre et adoptant des positions irrésistibles. Il ne mangera pas forcément la chair de l'olive.

Le chat adore également l'odeur de l'ammoniaque et de la lessive (ouf, aucun scrupule à désinfecter), mais il fuira l'odeur du vinaigre.

---

[7] aniwa.com

Il réagira de façon exacerbée à l'odeur de certaines plantes, se frottant par terre et miaulant en reniflant furieusement des herbes comme la cataire (Nepeta Cataire : menthe à chats), le papyrus, l'olivier. Il aime l'odeur de l'oeillet, du laurier-rose, du mimosa, de la giroflée, de la valériane, du fenouil, de l'oseille. L'odeur de la marjolaine et de l'origan le rendra en revanche agressif. Les parfums synthétiques le feront baver (il faudra parfois chercher de ce côté avant de supposer une maladie si vous voyez de la salive lui couler des babines).

Les coussinets sous les pattes des chats jouent eux aussi un rôle important dans l'appréciation de leur environnement, et minet effleurera plusieurs fois un objet ou un sol avant de s'y aventurer plus franchement, emmagasinant des informations nécessaires à son analyse telles que la température, la solidité, l'équilibre, la forme, la texture de l'objet ou du sol. Les coussinets sont recouverts de récepteurs tactiles sensibles à la pression.

Mon chat est-il équilibriste ?

C'est toujours source d'émerveillement que de voir un chat sauter lestement sur une étagère remplie de bibelots et n'en renverser aucun, ou marcher le long d'une corniche étroite comme s'il se promenait au milieu d'un boulevard !

Mais si un chat est réputé retomber toujours sur ses pattes, cela ne signifie pas qu'il sortira forcément indemne d'une chute à partir d'une certaine hauteur. C'est son sens de l'équilibre qui lui fait lors de la chute redresser rapidement la tête, entraînant grâce à ce mouvement le retournement complet de son corps. Mais ce rétablissement ne peut s'opérer qu'à partir de 1 m 50 de hauteur. Celle-ci ne doit pas être supérieure à celle d'un étage d'appartement pour que le chat s'en sorte sans dommage.

Faites attention donc à vos balcons et fenêtres grandes ouvertes, car le pépiement joyeux d'un oiseau au dehors pourrait fort bien entraîner votre matou à se jeter dans le vide sans autre forme de procès, dans l'espoir d'attraper le narquois volatile.

Que veut-il dire avec ses oreilles ?

A l'aide de ses oreilles, notre félin domestique envoie cinq signaux de base représentant la détente, l'alerte, l'inquiétude, la défense ou l'agressivité.

Si votre chat a les oreilles dressées et orientées vers l'arrière accompagnées de pupilles qui se rétrécissent, il est en alerte.

Des oreilles dressées et orientées vers l'avant, avec des yeux grands ouverts : votre chat a envie de jouer !

Les oreilles un peu aplaties indiquent l'étonnement. Le chat est en train d'analyser une situation qui le déroute ou qu'il ne comprend pas.

Lorsque le chat a les oreilles plaquées en arrière, c'est le signe qu'il ressent une grande peur et son attitude est défensive. Cela peut également vouloir dire qu'il est agacé. Lorsque son poil est hérissé, que ses pupilles sont dilatées et qu'il crache, il vaut mieux le laisser tranquille car une attaque est imminente.

Des oreilles dressées accompagnées d'un miaulement aigu : votre chat est en colère !

En revanche, des oreilles légèrement tournées et des paupières mi-closes indiquent le contentement.

Les oreilles du chat bougent même quand il dort, faisant office de radar et captant des sons pour nous inaudibles. Qui a jamais réussi à s'approcher d'un chat ou à le caresser sans qu'il se réveille instantanément ?

Pourquoi tient-il sa queue de cette façon ?

La colonne vertébrale d'un chat est très mobile et entourée de muscles puissants. Sur une branche, notre félin se servira de sa queue comme d'un balancier. La queue est chez le chat un indicateur très fiable de son humeur ...

Lorsqu'elle est tombante, votre chat est calme. Lorsqu'elle est dressée avec la pointe recourbée, il est amical. Toute droite, il est joyeux et amène, reproduisant la posture du chaton qui approche de sa mère.

Lorsqu'il se sent en position de supériorité, le chat retrousse les babines. En revanche, un chat qui se soumet à un autre lève la queue bien droite. La signification de cet acte n'a pas été clairement définie par les comportementalistes, mais une explication pourrait être que le chat a un souvenir réflexe de chaton, lorsqu'il se soumettait à la mère pour que celle-ci lui nettoie l'arrière-train.

Si la queue du chat tressaute (le bout est agité de soubresauts), celui-ci fait savoir qu'il n'est pas content, inquiet ou en colère. A ne pas confondre avec le frétillement de joie de la queue du chien, qui signifie pour sa part que ce dernier est heureux.

Lorsque la queue est baissée et a son poil hérissé, c'est le signe que le chat se méfie, il est en position défensive. Si en revanche elle est hérissée mais relevée, c'est signe d'agressivité.

Un chat qui replie sa queue sous son ventre est soit apeuré, soit en position d'affût, cherchant à se rendre invisible pour sa proie. Il est alors également ramassé sur lui-même, aplati au sol, la tête posée entre les pattes antérieures.

Au moment des amours, les chats ont un code propre à eux. Chez la femelle, outre ses vocalises gutturales, la queue prend alors une forme caractéristique de Z arrondi, positionnée sur le côté pour dégager son arrière-train.

La queue du chat qui balaye lourdement de gauche à droite ne signifie pas que notre félin est joyeux mais qu'il est perturbé, soit parce qu'il est agacé, soit parce qu'il est indécis du comportement à adopter vis-à-vis d'une situation particulière.

Que me confie t-il avec ses yeux ?

Le regard du chat a quelque chose de sacré, comme si celui-ci détenait les secrets de la sagesse et de la sérénité. Lorsqu'il est perdu dans une contemplation, l'univers entier semble s'ouvrir devant lui. Mais que signifient les mouvements de ses yeux ?

Un chat qui a les yeux fermés témoigne d'un grand bien-être (il est en train de faire sa sieste ou de somnoler). Moment inviolable.

Lorsqu'il a les yeux grands ouverts et les oreilles en avant, il est curieux et a envie de jouer ou de chasser.

Si ses pupilles sont dilatées alors qu'il n'y a pas d'obscurité, c'est qu'il est inquiet ou a peur. Cherchez la source de cette peur.

Il vaut mieux regarder un chat en clignant doucement des yeux car un regard direct est un signe pour lui d'agressivité. Il ronronnera peut-être, mais pour chercher à vous amadouer. Les chats se regardent droit dans les yeux pour se défier. Le premier qui détourne le regard a perdu ! Lorsque votre chat a lui-même les yeux à demi clos, vous pouvez gager de sa sérénité. En en faisant de même pour le regarder, vous lui assurez que vous venez en ami et il ronronnera de plaisir.

Pour un maître observateur, le chat fait passer maintes émotions par la prunelle de ses yeux, et il est facile de les décoder en étant en empathie avec lui. Les yeux peuvent être suppliants avec la tête de côté (« Donne-moi à manger ! » ou « Caresse-moi »), ou grands ouverts (« Tu m'intéresses »), ou encore mi-clos (« Je suis bien avec toi, j'ai confiance »). Le tout s'accompagne de mimiques et il suffit de voir la mine renfrognée de votre chat pour vous demander ce qui ne va pas chez lui aujourd'hui (la douleur peut causer cette expression de papier froissé, si cette grimace s'accompagne d'un état général faible et léthargique).

Que cherche t-il à faire comprendre avec cette posture ?

Lorsqu'un chat se couche sur le dos dans une posture abandonnée, c'est une marque de grande confiance en vous et de soumission volontaire. Attention en revanche à son esprit de jeu qui peut prendre le dessus pour peu que vous lui chatouilliez un peu trop longtemps le ventre. Si sa queue se met à remuer à ce moment-là, arrêtez tout de suite ou il s'agrippera à quatre pattes à votre main et alors, gare aux griffes.

Si votre chat se couche sur le dos et lève les quatre pattes en l'air à l'arrivée d'un inconnu, il ne montre pas forcément une envie de se faire caresser le ventre. Au contraire, c'est un avertissement qu'il va griffer. En revanche, il peut avoir cette posture avec vous pour susciter un jeu, pour lequel vous risquez néanmoins quelques griffures ornementales sur les mains (il adore s'agripper de ses quatre pattes à la main que vous lui présentez et mordiller vos doigts. Dans ces moments-là, le seul moyen de lui faire lâcher prise est de le soulever haut au-dessus du sol, et il se retournera instinctivement pour tomber à terre sur ses pattes).

S'il frotte sa tête sur votre main puis prend celle-ci dans sa gueule en exerçant une pression avec ses dents, ce n'est pas un signe d'agressivité. Il n'est pas en train de vous mordre mais vous titille pour que vous jouiez avec lui. D'ailleurs il ne blessera pas votre peau, pour peu que vous n'essayiez pas d'ôter votre main. Ce qu'il veut vous dire, c'est qu'il vous aime et vous respecte comme un frère et voudrait jouer avec vous.

Lorsqu'il détourne la tête, il marque son désintérêt ou montre qu'il préfère ne pas continuer plus avant dans une situation qui pourrait devenir conflictuelle.

Un chat qui a « mauvaise conscience » (il a plus ou moins en mémoire vos réactions de la fois précédente en rapport à l'acte) va avoir un regard fuyant, les oreilles légèrement en arrière, prêt à filer au moindre geste de votre part. Il n'aura pas l'air soumis du chien et pourra feindre une certaine indifférence, mais en gardant un oeil sur vous.

Un chat qui fait le gros dos, s'arque et gonfle son poil, la queue en écouvillon (une brosse cylindrique), crache ou siffle de manière inquiétante tient à vous montrer qu'il est terrible et qu'il faudrait plutôt s'en méfier. Cette posture est défensive devant une situation qu'il reconnaît dangereuse pour lui et il cherche à faire peur.

Pourquoi adopte-t-il parfois cette démarche en crabe, marchant ou sautant à reculons, le dos hérissé et arqué et les pattes tendues, sans vous lâcher du regard ? C'est tout simplement qu'il ne sait pas si le danger qu'il perçoit est réel ou non, et de ce fait hésite sur la position à tenir. Il préfère fuir, mais sans pour autant perdre de vue le danger potentiel.

Lorsqu'il se tasse, aplati au sol, ramassé sur lui-même, c'est qu'il essaye d'être invisible aux yeux de sa proie ou de son adversaire. Sa queue est alors ramenée sous lui, les oreilles sont aplaties sur sa tête et le poil est plaqué au corps.

Enfin, lorsqu'il se laisse tomber sur le côté en nous regardant avec ces yeux irrésistibles, il nous invite à jouer avec lui ou nous propose de le câliner. Qui peut alors y rester insensible ?

Le chat n'aime pas les conflits, et cette façon de se faire tomber sur le côté par exemple peut également être une réponse diplomate à un désaccord avec un autre chat, tout en restant en position de défense. Il préfère de toutes les façons éviter les bagarres avec des chats inconnus (sauf peut-être au moment des amours), et s'enfuira tant qu'il en aura la possibilité.

Mon chat est-il intelligent ?

L'intelligence du chat se situe dans la moyenne supérieure parmi les animaux. Elle est fondée sur l'essai, la mémorisation des conséquences et la capacité à envisager d'autres solutions si le premier essai s'est soldé par un échec. Il est malin - même si certains chats le seront plus que d'autres (le Siamois est réputé être très astucieux) - et va parfois ruser pour arriver à ses fins. Son sens de l'observation est très développé, ainsi que sa curiosité (mais les deux ne vont-ils pas de paire ?).

S'il ne se laisse pas dresser ce n'est pas par stupidité, mais parce qu'il utilise son intelligence à des fins personnelles. Si vous arrivez donc à lui apprendre un tour, c'est bien parce qu'il a compris que celui-ci lui serait d'un avantage certain dans son confort de tous les jours.

Certains chats semblent avoir une aptitude naturelle à se servir des installations de la maison, alors qu'un autre restera assis devant une porte entrouverte, attendant que le maître des lieux veuille bien l'entrebâiller davantage pour qu'il puisse vaquer à ses occupations. Faut-il y voir un manque d'intelligence ? Ou n'existe-t-il pas plutôt des chats indépendants et des chats ayant pour seul dessein d'être traités en princes ?

J'ai pu observer un jour un siamois enclencher une poignée de porte fermée, en sautant dessus, ayant fait la relation entre l'objet et l'ouverture de la dite porte. Le maître n'était en aucune façon à l'origine de ce tour, il n'avait pas cherché à dresser son chat. Acuité d'observation ? Intelligence ? Le résultat était en tout cas convainquant.

Nos petits félins semblent de toutes façons détester les portes fermées. Si une porte était ouverte dans la journée et se trouve fermée la nuit, ils gratteront des minutes interminables le long de cette porte, faisant grincer leurs griffes à la manière d'un vieux train à vapeur lancé à plein régime. Insomnies garanties ! Au fur et à mesure du temps, ils finissent toutefois par se lasser. Surtout s'ils trouvent un endroit douillet où passer la nuit en attendant que la porte incriminée veuille bien s'ouvrir le matin.

Toujours est-il que l'urgence de la survie fait décupler des trésors d'imagination à de nos petites boules de poils à quatre pattes.

Certains chats semblent dotés d'une personnalité bien affirmée qui ferait jurer qu'ils sont humains ! Il existe des chats « éternel enfant », qui semblent ne jamais vieillir et se comportent comme de petites choses délicates ayant besoin constamment d'une nourrice ; des chats « copains », sur un pied d'égalité avec vous (et qui peuvent être aussi charmants ou aussi insupportables qu'un colocataire) ; des chats « pachas », qui ont décrété que VOUS étiez à leur service et deviez les servir sans qu'ils aient besoin de miauler une seule fois ; des chats indépendants vous ignorant parfaitement en dehors des heures de repas ; etc.

Mais vous l'aurez sûrement choisi pour ce caractère-là, qui fait qu'il vous ressemble et que vous pourrez le câliner autant que vous - et lui - en aurez envie.

Chat / chat : toujours copains ?

Si vous avez déjà un chat à la maison et que vous désirez en accueillir un autre plusieurs années après le premier, choisissez de préférence un chaton, qui respectera la règle du rang de l'ancien. Le chaton prendra exemple sur l'aîné et ce dernier pourrait bien lui apprendre quelques tours. Ainsi votre premier 'bébé' ou 'copain' gardera sa prestance et son règne de la belle époque, même si le nouveau venu a tendance à accaparer un peu trop SON maître.

Il n'y a pas de véritable hiérarchie chez les chats et c'est la raison pour laquelle il existe tant de bagarres terribles entre eux, puisque aucun ne peut se prévaloir d'un rang supérieur à un autre selon un code prédéterminé. Il peut arriver qu'un chat soit plus bousculé qu'un autre, ou au contraire qu'il ait la plus belle part à manger ou le meilleur coin où dormir, mais la discrimination s'arrête là et les places chères peuvent être disputées elles aussi. De façon générale, premier arrivé, premier servi !

Lorsque plusieurs chats cohabitent dans le même appartement, ils délimitent très vite leur territoire et vous pourrez constater avec amusement que chacun d'eux empruntera un chemin différent pour aller d'un endroit à un autre : ils se seront partagé votre maison qui aura été « quadrillée » pour l'occasion. Contrairement à vos croyances - si jamais vous en caressiez l'espoir - votre propre territoire n'entre pas dans l'équation.

Chat / chien : arriveront-ils à s'entendre chez moi ?

Tout le monde connaît l'expression « S'entendre comme chien et chat ». Cette mésentente provient surtout du fait que certains codes de communication du chien et du chat, tout en étant manifestement semblables dans leur expression, diffèrent totalement quant à leur signification. Ainsi une queue qui frétille chez un chien témoigne de son contentement, alors que le même tressautement de la queue chez un chat prévient « Attention, je commence à m'énerver ! ». De là les quiproquos.

Le moment idéal pour forger une bonne entente entre chien et chat est pendant la période de socialisation. Chez le chat, elle commence dès les premières semaines de sa naissance et jusqu'à environ neuf semaines. C'est durant ce temps que notre petite boule de poils va développer, outre ses fonctions motrices et son identification à sa propre espèce, son attachement et sa familiarisation avec son environnement. Plus ce dernier sera stimulant et varié (en termes de bruits, sons, odeurs, contacts physiques, congénères, autres espèces et individus), plus le chat aura une expérience riche en diversités qui lui permettront de pouvoir confronter et gérer l'inconnu tout au long de sa vie.

Ce temps de socialisation est déterminant pour le futur du chaton (et du chiot) : toutes les expériences acquises au cours de cette période seront gravées chez lui pour la vie et son comportement à l'âge adulte sera ensuite difficile à modifier. Il faut donc que les rencontres avec un autre animal ou individu soient détendues, amicales et sans le moindre stress ou traumatisme.

Si un chaton est habitué très tôt à rencontrer des chiens de diverses races, tailles et couleurs, de même que s'il rencontre des êtres humains de différents âges et races, il s'accoutumera plus facilement à un nouveau venu dans la maison. Encore faut-il que le chien ait été sociabilisé de la même façon. Et un chien peut très bien être familiarisé avec le chat du foyer et courser pourtant les autres chats du voisinage ! Là encore, tout dépend du nombre de chats différents que le chien a pu rencontrer dans les premières semaines de sa vie, et surtout de la race propre du chien : en effet, un chien réservé à la chasse ou à la défense aura tendance à poursuivre un chat qui détale – même si c'est le chat du foyer – car ce dernier réveille par sa fuite les instincts de prédateur du premier.

Un chat qui a été élevé avec d'autres animaux ne les considèrera pas comme des adversaires ou comme des proies potentielles, mais comme des amis de la famille. Il peut donc très bien faire copain-copain avec le poisson rouge ou le perroquet du salon.

Une chatte ou une chienne adoptera parfois les petits nouveaux de l'espèce opposée, car son instinct maternel est très fort. Pour elle, les nouveaux-nés ne sont que des petits êtres dépendants qu'il faut nourrir et protéger, et l'espèce importe peu. Et une fois qu'elle a adopté la portée, elle la défendra corps et âme même à l'âge adulte. Maman chatte sortira griffes et dents pour protéger son petit labrador de 2 ans, trois fois plus grand qu'elle !

Plusieurs cas de figure peuvent se présenter. L'important est que les présentations ne soient pas forcées, c'est à dire que vous ne teniez pas vos animaux pendant les présentations, et qu'ils aient chacun la possibilité de fuir si l'envie leur en prend. En revanche, si votre chien n'est pas familiarisé avec les chats, il vous faudra le contrôler un tant soit peu et peut-être faire appel à un comportementaliste :

A/ Le chien est déjà dans la maison et le chat arrive :

a) Chiot et chaton : le chiot sera heureux d'avoir un nouveau compagnon et ses aboiements ne seront pas encore assez puissants pour effrayer le chaton. La période de socialisation pourra s'effectuer en douceur pour les deux ;

b) Chien adulte et chaton : le chaton risque d'avoir peur de l'enthousiasme du chien, surtout s'il n'a pas été familiarisé avec l'espèce. C'est surtout le comportement du chien plutôt que sa taille qui déterminera la réaction du chat. Laisser le chat découvrir la maison, lui donner un endroit bien à lui qui ne sera pas envahi par le chien ;

c) Chiot et chat adulte : le chat fuira la présence du chiot, trop turbulent à son goût. Il se cherchera vite un coin de territoire qu'il défendra sans la moindre pitié. La tolérance est de mise.

d) Chat et chien adultes : l'entente pourra être difficile au début. Il se peut même qu'ils n'arrivent jamais à s'entendre et que vous soyez obligé de vous séparer du dernier venu pour éviter que les deux soient foncièrement malheureux ou ne tombent malades de déprime. Tout dépend de leur vécu respectif. Un comportementaliste peut être d'une grande aide. Avant de faire l'acquisition d'un nouvel animal, essayez d'organiser une ou même plusieurs rencontres entre les deux animaux de façon à tester leurs réactions.

B/ Le chat est déjà dans la maison et le chien arrive :

a) Chiot et chaton : nous l'avons déjà vu dans le premier cas, tous les espoirs sont permis ;

b) Chien adulte et chaton : faites attention à ce que le chien ne traumatise pas le chaton en étant trop empressé et trop fougueux. Evitez dans les premiers jours un contact direct trop long entre eux. Protégez absolument les coins de votre chaton de l'intrusion de votre chien. Par la suite, ils sauront l'un et l'autre défendre leur territoire ... ou le partager.

c) Chiot et chat adulte : le chiot aura envie de jouer et risque de se prendre un coup de patte (et de griffe) sur le museau. Laissez le chat imposer les limites de son territoire au chiot.

d) Chat et chien adultes : là encore, acceptation difficile. Si le chat a été sociabilisé et n'est pas peureux, et s'il arrive à garder une partie de son territoire, une entente est possible, ou au pire une tolérance.

De façon générale, le premier locataire ne doit pas se sentir délaissé au profit du nouveau venu. Au contraire, jouez davantage avec l'ancien, faites-lui les honneurs de le servir en premier, montrez-lui que le nouvel arrivant n'est pas là pour le remplacer. C'est d'ailleurs le chat qui se montrera le plus susceptible sur le sujet, réclamant plus de privilèges que le chien qui, lui, est facilement heureux s'il a un peu d'attention et de caresses et sa gamelle pleine. Tablez sur le fait que la curiosité sera souvent plus forte que la méfiance avec le temps.

Le chat émettant une odeur à l'empreinte unique - par le biais de glandes odoriférantes sur les côtés de sa face - il peut être judicieux d'en imprégner un linge propre lorsque votre matou ronronne de bonheur, et d'en frotter ensuite le corps du chien, de façon à ce que votre chat reconnaisse son odeur et se sente ainsi en climat de sécurité.

Maintenant, vous ne pourrez jamais forcer un animal à en accepter un autre s'il ne le veut pas, de même que vous ne pourriez obliger quelqu'un à en aimer un autre contre son gré.

6e partie : Lui et moi

Comment porter mon chat ?

Bien que les mères portent leurs chatons par la peau du cou, ce n'est pas la bonne manière pour un humain de les prendre, car la position peut être très désagréable pour eux (surtout pour un chat adulte, dont tout le poids est attiré vers le sol). Il n'y a pas de problème en revanche de le tenir ainsi au moment de le laver, mais en le gardant au sol et en appuyant légèrement vers le bas avec la main qui lui tient la peau du cou, pour lui faire comprendre de ne pas bouger pendant que vous vous dépêchez de lui rendre figure ... féline.

Il ne faut pas non plus le prendre par le ventre, ni le porter sur son bras allongé sur le dos (comme vous le feriez avec un bébé). Encore moins le saisir par les pattes avant pour le soulever, en laissant pendouiller ses pattes arrière dans le vide (vous lui feriez très mal aux articulations). La bonne façon est de placer une main sous ses pattes antérieures, au niveau de la poitrine, avec l'index sur le dessus pour éviter une fuite en avant, et de le soulever en plaçant votre deuxième main sous l'arrière-train afin de soutenir ses pattes postérieures. Le poids est ainsi également réparti et votre chat ne devrait pas chercher à s'enfuir en se contorsionnant, pour peu que vous ne le gardiez pas trop longtemps ainsi en l'air. Un chaton restera plus facilement dans vos bras, trouvant à se lover facilement dans vos mains et ronronnant au rythme des battements de votre cœur. Apprenez dès le début à vos enfants comment porter votre chat et vous éviterez maintes protestations de part et d'autre, qui de douleur, qui de frustration.

Ne gardez pas sur vous un chat qui veut s'en aller, car c'est le meilleur moyen de développer son agressivité et il n'hésitera pas à vous griffer et à vous mordre pour se dégager de vos bras trop sollicitant.

Arrive un moment où vous devez faire ingérer à votre chat des comprimés ou une solution orale pour le soigner, et le maintenir immobile pendant l'opération ne sera pas une sinécure. Asseyez-vous sur vos talons fermés, genoux écartés, et maintenez votre chat fermement entre vos jambes, l'arrière-train vers vous. Ainsi il ne pourra pas s'échapper à reculons et vous aurez les mains libres pour vous occuper de lui faire avaler le fameux médicament. Pour ouvrir sa gueule, placez une main sur le dessus de sa tête et saisissez sa mâchoire supérieure avec votre pouce et vos doigts, en maintenant sa tête vers le haut. A l'aide de votre deuxième main, ouvrez-lui la gueule et mettez le comprimé au fond en le poussant sur l'arrière de la langue. Il ne pourra pas ainsi – a priori – régurgiter l'élément ennemi par un haut-le-cœur. Mais bon courage néanmoins, surtout en cas de traitement de longue durée, car plus l'action se répétera, plus votre chat va chercher à vous fuir de toutes les manières possibles.

Les relations avec mon chat : copain ? maman ? maître ?

La dignité du chat : un chat est un être indépendant, du moins de caractère, et sa noblesse et son intransigeance forcent le respect. Rien ne doit lui être inculqué par la force, qui de toutes les manières ne donnera aucun résultat si ce n'est que votre chat pourrait très bien s'enfuir et ne pas revenir, à l'inverse du chien.

Trahison ? Non, simplement une volonté inébranlable de vivre le plus commodément possible, le plus confortablement possible, et peut-être cette conviction candide que l'humain est censé être à son service ?

Un chat ne fera jamais quelque chose simplement pour « plaire à son maître » (il n'éprouve aucunement le plaisir sans réserve du chien trop heureux de satisfaire l'humain qui le nourrit et le caresse), mais bien parce qu'il y trouve un avantage certain pour son propre confort. Certains y verront là la marque de l'égoïsme, d'autres l'apanage suprême de la liberté, mais il est en tous cas une vérité : le chat est un animal fascinant dont on ne peut qu'admirer le caractère intègre.

La nonchalance du chat donne l'impression qu'il a dompté la vie pour qu'elle s'adapte à ses besoins, une force que bien des humains pourraient lui envier. De là peut-être cette attirance vers cet animal si serein car persuadé qu'il ne manquera de rien.

L'être humain a tendance à parler aux chats comme à un petit enfant. Le ton utilisé est plus doux, rassurant, et le débit plus lent. Est-ce dû à la taille de l'animal, à son côté «peluche» ? Il a même été constaté que le chat avait une action bienfaitrice sur les personnes âgées et les handicapés mentaux, l'animal favorisant le

« dialogue ». Qui n'a pas un jour confié à son chat des secrets que lui seul semble comprendre, ou tout au moins accepter ? Aucun jugement, aucun reproche – si ce n'est à l'heure des repas si jamais l'écuelle est vide.

Pour d'autres personnes, le chat reste le copain, celui à qui on aime bien caresser la tête entre deux parties de jeu vidéo et pour lequel on ne va pas forcément paniquer lorsqu'il sera parti plus d'une journée. Chacun son territoire, on se serre la patte mais on se laisse tous les deux vivre sa vie.

Si un chat doit être humilié - par exemple par des mutilations physiques lui empêchant de se comporter normalement dans la vie, il peut se mettre à déprimer et à déclarer une maladie en réponse à cette impuissance à profiter pleinement de son environnement. La présence humaine ou même animale a un grand rôle à jouer pour le sortir de cet état. Les jeux sont dans toutes les situations primordiaux, indispensables à son équilibre et ils ne doivent pas être considérés comme accessoires.

Le chat a besoin de calme, d'affection et de jeux pour pouvoir être heureux. La maison doit être un havre de paix et d'harmonie si vous ne voulez pas vous retrouver avec un chat psychotique. Tout le monde y trouvera son compte. S'il vous semble en revanche que rien ne justifie le stress de votre chat, vous pouvez toujours brancher un diffuseur électrique de phéromones félines, qui aura pour effet de le calmer.

Il existe une certaine télépathie entre le chat et son maître, et même parfois d'autres personnes. J'ai connu un chat qui, lorsqu'on le laissait en bas des marches de l'escalier menant à sa demeure, montait directement au deuxième étage et se plaçait devant la bonne porte en miaulant avec vigueur comme pour dire

« Dépêche-toi d'ouvrir ». Jusqu'au jour où une vieille dame vint à mourir dans l'appartement du dessous. Peu de temps après (les obsèques étaient passées), ce chat ne montait plus au deuxième étage comme d'habitude mais s'arrêtait systématiquement au premier et miaulait d'inquiétude devant la porte de la vieille dame (les sons qu'il émettait étaient totalement différents des précédents), tournant la tête vers nous, agité, comme s'il essayait de nous faire passer un message. Il fallait le pousser pour qu'il consente enfin à monter au deuxième étage. Sentait-il quelque chose que nous autres ne pouvions percevoir ?

Une autre personne m'a confié que lorsqu'elle sortait du placard ou du réfrigérateur une quelconque boite de conserve, son chat — à l'autre bout de la maison - ne daignait soulever même une oreille. Mais lorsqu'il s'agissait d'une boite de sa pâtée — non ouverte — le chat se précipitait tel un éclair dans la cuisine.

Vous avez certainement été témoins vous aussi de cette magie qui s'opère entre un chat et son maître, de cette télépathie qui se développe avec l'animal et de l'empathie naturelle qui nous fait communiquer sur la même longueur d'onde avec lui. Elle se développe avec l'amour et le respect de l'autre.

Qu'attend mon chat de moi ?

Un chat a besoin d'attention, de caresses, de jeux, de toute votre affection pour développer une vie harmonieuse et pleine d'amour. Ce n'est pas un jouet, ni un substitut à autre chose, mais bien un être à part entière qui a décidé de vous accompagner une partie de votre vie.

Une maison où les habitants sont stressés verra immanquablement son ou ses chat(s) se comporter de façon inquiète et nerveuse. Un des symptômes de stress est de se lécher compulsivement, au point parfois de s'arracher des poils. Pour peu que des crises de colère surviennent, le chat détalera comme un fou et sautera dans toute la maison, griffant furieusement tout objet un peu rugueux qu'il trouvera. Il est important de comprendre que le stress chez l'animal réduit d'autant sa résistance immunitaire et le prédispose ainsi aux infections et aux maladies, aux tumeurs.

Le chat a un effet apaisant sur l'humain. Lorsque ce dernier le caresse, une sensation de calme et de bien-être s'installe de part et d'autre, et des études montrent que la relation avec un chat réduit les risques d'infarctus chez l'humain. Caresser un chat fait baisser la tension artérielle et ralentit le rythme cardiaque. Idéal pour les gens stressés. Mais faites attention à ne pas transmettre votre angoisse à votre chat. Celui-ci ne doit pas devenir un objet de thérapie personnelle. Maîtres stressés, soignez-vous avant d'en faire subir les conséquences à votre animal domestique. Il n'est pas trop difficile de se maîtriser lorsqu'on connaît les conséquences de notre comportement sur les autres. Et les ronronnements de votre chat en retour vous combleront d'aise.

Un chat se comporte comme le ferait un enfant : prenez-le sur vos genoux et maintenez-le de force pour pouvoir l'embrasser, le cajoler contre sa volonté, et vous aurez plus de mal la prochaine fois à le faire venir vers vous. Il est important de lui laisser son auto déterminisme, sa liberté de choix. S'il reste, tant mieux pour vous, s'il fait mine de partir, laissez-le faire. Vous-même ne seriez pas très heureux si on vous retenait de force.

Le chat adore qu'on lui caresse le cou et le menton. Il tirera sa tête vers vous pour en réclamer davantage, les yeux mi-clos et le ronronnement pâmé. Mais des caresses trop prolongées sur son corps provoquent de l'électricité statique (de même qu'un brossage), surtout chez un chat à poils longs, envoyant ainsi de petites décharges très désagréables pour lui. Il risque fort alors d'associer les caresses à la douleur et de refuser davantage votre contact par la suite. Ce sont les mêmes influx nerveux qui captent les sensations de plaisir et de douleur et les transmettent au cerveau sous la forme d'impulsions. Si vous tenez à câliner longtemps votre chat, humidifiez auparavant son poil, ou vaporisez-le avec un anti-statique (préférez les produits naturels car n'oubliez pas qu'il passe une grande partie de sa journée à se lécher).

Ne restons pas sur la croyance qu'un chat, étant indépendant, se complait dans la solitude. Rien n'est plus faux. Il peut développer une déprime, ou vous faire regretter de l'avoir laissé si longtemps tout seul. Si vous devez laisser une maison vide un grand nombre d'heures dans la journée, alors prenez deux chatons, ils sauront trouver ensemble tous les jeux nécessaires à leur épanouissement. Et n'oubliez pas de leur consacrer une partie de votre temps lorsque vous rentrez, c'est la garantie de chats affectueux et heureux. Certes un chat demande moins de contraintes qu'un chien, qu'il faut sortir plusieurs fois par jour, mais il n'en est pas moins un animal qui a besoin de tendresse, d'attention et de distractions.

Les chats adultes que vous adoptez à la SPA seront plus aptes à passer seuls une certaine partie de la journée, demandant en retour que vous leur accordiez le temps nécessaire lorsque vous rentrez à la maison. Ils sont moins exigeants, plus calmes, feront volontiers la sieste en votre absence. Il faudra peut-être les séduire un peu plus pour qu'ils vous fassent confiance (après tout, vous ne savez pas ce qu'ils ont vécu avant de vous connaître), mais les liens tissés au fur et à mesure du temps seront solides et durables.

Il faut aussi rappeler qu'un chat ne sait pas toujours se débrouiller seul, surtout s'il n'a vécu qu'en appartement. Ses instincts de chasseur peuvent avoir été émoussés par tout ce temps passé à vivre sans avoir à aller chercher sa subsistance. Ne laissez pas se débrouiller un tel chat dans la nature sous prétexte qu'il est dans son environnement naturel : un abandon par ceux qu'il considère faire partie de sa famille peut l'affecter terriblement et nuire à sa survie immédiate.

En outre, les chats à poils longs peuvent ramasser avec leur fourrure un nombre incroyable de brindilles, herbes et autres broussailles qui créent des nœuds inextricables et douloureux pour lui. Le chat n'a pas énormément de graisse de réserve pour pouvoir pallier ses besoins immédiats. Il existe de nombreuses personnes âgées, associations ou des amis qui peuvent très bien garder votre chat durant vos longs déplacements, de préférence chez vous, afin de ne pas trop le perturber.

Quels sont ses jeux ?

Etant de nature curieuse et fureteuse, tout jouet en mouvement et produisant des sons va éveiller l'intérêt du chat. Il se tapit sur le sol, en posture d'attaque – le corps tassé et la moustache frémissante - immobile durant un temps qui peut sembler parfois une éternité, puis soudain il balance son arrière-train, piétine le sol de ses pattes postérieures et bondit sur sa proie. Il saute ensuite sur le côté et part comme un fou en traversant toute la maison, grimpe sur le lit, l'armoire, traverse la chambre en dérapant pour enfin aller atterrir sous le canapé du salon, d'où il guettera le moindre mouvement qui le fera déguerpir à nouveau. Il adore également jouer au chien : lancez au loin un bâton, une balle en caoutchouc mou ou quelque autre objet et il filera comme une flèche l'attraper, pour vous le rapporter dans sa gueule et le déposer à vos pieds, dans l'attente d'un nouveau départ.

Le désir du jeu est un signe de bonne santé chez les chats. Leur activité cérébrale est ainsi plus intense, ils sont plus éveillés, plus sociables. Le jeu (en interactivité de préférence) est essentiel pour un chat ; si celui-ci devait être privé d'activités ludiques, il pourrait développer des troubles émotionnels.

Qui dit jeux, dit détalages dans toute la maison, sauts sur les rideaux et coups de griffes frénétiques sur les beaux fauteuils. Pensez à éduquer votre chat très tôt, cela ne demande pas de gros efforts pour un résultat relativement satisfaisant. Griffoir en carton, arbre à chat, moquette, trois façons au moins de signifier à votre matou qu'il peut se défouler sur ces objets et oublier les vôtres. Le chat ayant tendance à se faire les griffes dès son réveil, il peut être judicieux de placer un griffoir à proximité du lieu où il dort habituellement.

Posez le griffoir à la verticale (de préférence fixé à un mur), à une hauteur suffisante pour que le chat puisse s'étirer de tout son long tout en le grattant. Il peut ainsi se servir de son poids pour équilibrer sa prise. Les griffoirs les plus prisés sont ceux qui donnent une vue globale de la pièce (bon, avoir un arbre à chats comme décoration au milieu du salon n'est peut-être pas le design dont vous rêvez). Choisissez une texture qui ne soit ni trop douce, ni trop courte, ni piquante. Pas de moquette à bouclettes non plus, car le chat s'y accroche les ongles et peut se faire très mal en voulant se dégager. Un griffoir vertical a l'avantage d'être d'un encombrement minime. Pensez à le placer à un endroit d'où votre chat pourra être vu, car en se faisant les griffes, il marque également visuellement son territoire.

Les griffoirs en carton ne me semblent pas suffisamment solides pour limer efficacement et décrocher les ongles morts, et parfois le chat les dédaigne tout simplement, malgré l'odeur d'herbe à chats dont ils sont imprégnés. Un bel arbre à l'extérieur est bien plus tentant ; mais alors prévoyez une échelle, car le chat peut avoir du mal à redescendre de ce griffoir naturel, ses griffes recourbées vers l'intérieur ne lui facilitant pas le retour vers la terre ferme. En intérieur, un morceau de moquette un peu épaisse fera parfaitement l'affaire.

Attention aux fenêtres ouvertes et aux balcons, surtout lorsque vous êtes absent, car la tentation des petits oiseaux venant le narguer pourrait l'entraîner à sauter par-dessus bord. Un chat retombe quasiment toujours sur ses pattes, mais cela ne veut pas dire qu'il résistera à un saut de plusieurs étages !

Lorsque vous jouez avec votre chat et que l'excitation du jeu lui fait oublier que vous n'êtes pas un congénère (il se met soudain à vous griffer et à vous mordre), dites « Non ! » d'un ton ferme et cessez de jouer durant une vingtaine de secondes. Il comprendra qu'il doit se contenir. Reprenez ensuite le jeu tranquillement, sans continuer de laisser paraître votre mécontentement.

Un chat peut voir son attention interrompue pendant n'importe quel jeu, que ce soit l'attrait d'un objet plus mobile, ou parce qu'il entend du remue-ménage dans la cuisine (« Bientôt l'heure du repas ? »), mais il restera totalement concentré durant ses parties de chasse ou lors d'un combat.

Comment m'amuser avec lui ?

Le chat distingue mal les détails. Il voit parfaitement un objet en mouvement mais évalue moins bien un objet immobile. Choisissez un jouet accroché à un ressort ou à un élastique, et votre chat se dépensera follement en exercices salutaires pour sa condition physique et psychique et indispensables à sa nature de chasseur. Il adore notamment les parties de cache-cache, où son leurre préféré apparaît à l'encoignure d'une porte, puis disparaît derrière. Faites attention à ne pas poser le jouet sur vous alors que votre chat y aura donné la chasse, car vous pourriez vous retrouver avec de beaux tatouages laissés par ses griffes acérées. Il paraît douteux qu'un jouet en forme de souris fasse davantage d'effet qu'un éléphant ou un crocodile en tissu, le chat étant plutôt attiré par le mouvement et l'odeur que par la forme.

Si vous avez peur que votre chat s'ennuie tout seul à la maison, vous pouvez cacher des croquettes dans différents endroits de la maison (sans en rajouter dans sa gamelle). Il adorera fouiner partout pour les trouver et cette chasse au trésor lui fera faire un peu d'exercice. De plus, ce jeu aiguisera son intelligence.

Vous pourrez trouver dans des boutiques spécialisées ou lors d'expositions, de magnifiques constructions servant de griffoir et d'arbre à jeux pour votre compagnon à poils, qui le raviront. Rien ne vous empêche d'en fabriquer un vous-même, recouvert par exemple de grosse corde ou d'une moquette rugueuse et agrémenté de jouets suspendus, petits tunnels, etc. L'imagination est à l'honneur !

Vous faites du tri écologique et votre bac regorge de cartons vides (il est sidérant de voir à quel point nous consommons de l'emballage) : réservez un des cartons pour votre chat, remplissez-le de boules de papier froissé et glissez-y quelques petites balles, ou certains de ses jouets, avec un brin de menthe à chat dans le fond pour l'attirer, et il plongera avec bonheur dans cette caisse pleine de surprises.

De simples sacs en papier peuvent être de fabuleux jouets pour votre chat, qui adorera se précipiter dedans. Attention à ne pas laisser traîner vos sacs en plastique ou en cuir néanmoins : leur odeur attire particulièrement notre félin qui aime à s'oublier à l'intérieur. Et le parfum de l'urine de chat est très difficile à éliminer ...

N'hésitez pas à ranger les jouets de votre chat ; s'ils sont toujours offerts à sa vue ils perdront leur attrait, car le propre du jeu chez ce petit félin est bien de débusquer, attraper avec la patte ce qui semble inaccessible et trouver dans les recoins de quoi satisfaire ses instincts de prédateur.

Partez du principe que le jeu fait partie intégrante de la vie d'un chat. Il en a besoin autant que de boire et de manger, car il entretient ainsi sa forme physique (surtout pour un chat en intérieur), ainsi que son équilibre psychologique. Lorsqu'un chat s'ennuie trop et n'a pas assez de jeux pour l'extravertir, il peut se mettre à trouver d'autres jeux moins sympathiques, allant de la bêtise... à la maladie.

Education : socialisation ?

L'éducation d'un chat doit avoir lieu très tôt, dès la période de sevrage. Partez du principe que, de même que pour un enfant, la force ou l'humiliation n'a jamais donné de bons résultats. Il faut agir avec la bonne volonté de l'animal et avec le but d'une bonne harmonie à la maison. La persuasion avec le bon vouloir du chat sera plus payante que la contrainte et la punition.

Si votre chat vit en appartement, la première chose à lui apprendre est que son bac est l'endroit où vous désirez qu'il aille se soulager, et aucun autre. Nous avons vu dans la section « Quelle litière choisir, et où la placer ? » comment l'inciter à y aller.

De même, il est important qu'il aiguise ses griffes ailleurs que sur votre plus beau meuble. En installant un griffoir ou un morceau de moquette à cet usage à proximité de son lieu de repos, il pourra aller s'y étirer après une sieste bien méritée. Lorsque vous surprenez votre chat en train de se défouler sur une surface non autorisée, prenez-le aussitôt et amenez-le au griffoir, en frottant doucement ses pattes antérieures dessus (appuyez sur ses griffes pour les faire sortir), afin de lui faire mimer l'action de gratter. Vous pouvez aussi vaporiser de l'huile essentielle d'eucalyptus ou d'orange sur les meubles que vous voulez protéger.

La capacité du chat à se souvenir de l'emplacement d'un objet une fois que celui-ci a disparu est faible, vous aurez donc à le ramener plusieurs fois à l'endroit choisi avant qu'il n'intègre cette délimitation. Mais son odorat pallie facilement sa défaillance de mémoire.

Le chat ne se 'fait' pas les griffes uniquement pour les aiguiser ou enlever les ongles morts (il délivre en fait l'ongle de sa couche superficielle ancienne) : il marque également son territoire, laissant sur les objets attaqués une odeur spécifique émanant de glandes situées entre ses doigts, en même temps qu'un marquage visuel à l'intention des autres félins. C'est sa signature, qui signifie : « Pas touche, JE suis là et ceci est à MOI » ou simplement « Je vis là ». Et bien sûr il aura tendance à revenir aux endroits marqués de sa patte.

Il attaquera aussi son griffoir (ou le canapé ...) lorsque vous rentrez à la maison. C'est une manière joyeuse de vous accueillir, il se sent stimulé par votre venue et montre son impatience de jouer avec vous.

La griffe du chat est rétractile, il peut donc vous donner un coup de patte de velours s'il a été éduqué très jeune à rentrer ses griffes lorsqu'il joue avec vous. La griffe se loge sous un repli de la peau situé au-dessus du coussinet et y reste maintenue par des tendons lorsqu'elle est rentrée. Lorsque le chat est « toutes griffes dehors », c'est qu'il a contracté les muscles qui tirent sur ces ligaments. Le chaton mettra trois à quatre mois à acquérir cette rétractilité.

Alors comment lui apprendre à ne pas sortir ses griffes lorsqu'il joue avec nous ? Eduquez-le sur le sujet le plus tôt possible. Dès que votre chat sort ses griffes pendant que vous bataillez avec lui ou le titillez avec un jouet, prenez-lui les pattes et tapotez doucement sur ses griffes jusqu'à ce qu'il les rentre. Lorsque c'est fait, vous pouvez le féliciter d'un « Oui ! » et le caresser. Mais vous devrez le faire un nombre incalculable de fois avant d'arriver à un résultat probant. Qui ne sera pas forcément infaillible, surtout dans les moments où votre chat, libérant sa joie créatrice, en oubliera tous ses principes moraux.

Si votre chat adore finalement votre divan, vous pouvez recouvrir l'endroit préféré d'un morceau de plastique dur (nous savons que les chats n'aiment pas les matières trop lisses et brillantes). Ceci n'étant pas du plus bel effet, les personnes soucieuses de l'harmonie de leur décoration intérieure pourront recouvrir ces endroits d'un tissu aux mêmes caractéristiques que le plastique, ou encore les vaporiser d'une substance répulsive (la même utilisée pour empêcher le chat d'uriner partout dans la maison). Ces produits se trouvent facilement dans les animaleries, chez le vétérinaire ou dans certaines grandes surfaces. Préférez les produits biologiques et non testés sur les animaux, pour des raisons évidentes de non-toxicité et de respect de l'animal.

Si vous voulez interdire certains accès ou certaines choses à votre animal, il vous faudra en premier lieu déterminer les trois ou quatre interdits sur lesquels vous ne transigerez pas. Si vous allez au-delà, le résultat sera nul et vous aurez un chat psychotique et anxieux car submergé par toutes ces privations de liberté auxquelles il ne comprend rien, si ce n'est que les conséquences le déstabilisent dans sa quiétude. L'apprentissage doit se faire en douceur, sans crier et avec patience, et en aucun cas vous ne devez changer ces règles « de façon exceptionnelle » car c'est un concept que le chat n'a pas. Pour lui, autorisé un jour, autorisé toujours !

Puis-je le faire voyager ?

Le chat aime son petit intérieur, mais il a été reporté des histoires de chats accompagnant leur maître partout en voyage (avion, bateau, train, bus) et qui avaient l'air d'y trouver leur compte.

Un chat ayant vécu en appartement et qui soudain découvre ce que la nature a de si charmeur à lui dire, au détour d'un week-end ou de vacances inopinées, ne va-t-il pas prendre goût à ces espaces sans fin et avoir des difficultés à se réadapter à la vie casanière de son logis ?

On peut en effet se poser la question, et c'est un risque qu'il ne faut pas négliger. Si vous êtes adepte du week-end à la campagne, votre compagnon à quatre pattes va peut-être s'accommoder de ce rythme et ce sera tant mieux pour vous. Dans le cas inverse, si votre chat passe son temps dans l'appartement à aller vers les fenêtres, monter sur les rebords des balconnières et se tourner vers vous en miaulant bien fort, il est probable que la vie au dehors a eu plus d'attraits pour lui que vous ne l'auriez espéré.

Testez cela en l'emmenant une fois de plus au vert et regardez son comportement. S'il passe davantage de temps dehors, se promène partout et vous rejoue la sérénade en rentrant en appartement, il vous faudra trouver une solution afin qu'il ne soit pas malheureux et ne déprime parce que ses instincts de chasseur une fois réveillés ne peuvent être satisfaits.

Mais il existe des chats qui aiment le confort en appartement et sont heureux de revenir à une existence moins téméraire après un week-end agité.

Si vous désirez que votre chat vous accompagne partout, habituez-le dès son plus jeune âge à voyager. Là encore, seule l'expérience vous dira si votre chat s'en accommode.

Au moment des vacances va se poser la question : faut-il l'emmener ? Tout dépend du caractère de votre chat, si vous l'avez habitué à des déplacements fréquents, s'il est pantouflard ou s'il préfère l'aventure.

Si vous avez peur que votre chat ne s'acclimate pas de ce soudain changement de vie et de lieu, le mieux est de louer les services d'une personne à domicile qui gardera Monsieur ou Madame Chat pendant votre absence (et la maison par la même occasion). C'est une responsabilité qu'il faut évidemment donner à quelqu'un de confiance et qui ait la tête sur les épaules. Prévenez la personne de ne pas laisser sortir votre chat durant votre absence, car il est arrivé plus d'une fois qu'un chat parcoure toute la ville à la recherche de son maître, soudain conscient du vide laissé par son absence (« Quelle est cette chose qui me pince le cœur et que je n'arrive pas à identifier, mais que je n'ai pas quand ce grand félin sur deux pattes est là ? »). Prévenez bien votre ami ou la personne dont vous payez les services qu'un chat peut se faufiler très vite derrière vous et qu'elle doit faire très attention au moment de l'ouverture de la porte d'entrée.

Vous pouvez sinon opter pour une pension pour chats. Il sera ainsi en compagnie de ses congénères (et pourra même lier d'amitié avec d'autres petits félins, ce qui vous promet de petites soirées pyjamas-chats à la rentrée !), dans un lieu sécurisé et surveillé. Prenez le temps de visiter les pensions pour pouvoir choisir celle qui lui conviendra le mieux (vous pouvez l'emmener avec vous afin qu'il prenne lui-même la température). Regardez l'hygiène qui y est dispensée, voyez si la pension accepte de vous montrer les logements des chats et comment le personnel s'occupe de ses locataires. Les espaces de vie des chats doivent être de bonne taille, car votre matou va y rester plus longtemps qu'un jour ou deux et il lui faut pouvoir s'isoler s'il se lasse de regarder les allées et venues des autres pensionnaires. L'endroit emménagé pour son repos doit de préférence se trouver au-dessus du sol, être équipé en chauffage pour l'hiver et d'un système de ventilation pour l'été. Le tout doit être confortable et propre. Laissez à votre chat un vieux vêtement à vous et quelques-uns de ses jouets, et il se sentira presque chez lui !

Voyez avec le propriétaire de la pension s'il accepte de donner sa nourriture habituelle à votre chat, ce dernier ayant des goûts très arrêtés en la matière, même pour de la nourriture en boite (il a sa marque de boite préférée en général).

Si votre chat a besoin de soins réguliers ou quotidiens, renseignez-vous sur la marche suivie par la pension : ils ont normalement leur vétérinaire attitré, mais vous pouvez demander à ce qu'on appelle de préférence le vôtre si celui-ci travaille à proximité de la pension. La solution peut être aussi de demander à votre vétérinaire s'il intervient dans des pensions et laquelle il pourrait vous recommander.

Un guide des pensions pour chats et chiens très bien documenté et édité chaque année par la société Royal Canin vous aidera dans vos choix. Celui-ci est gratuit et disponible dans les mairies, les offices de tourisme et chez les vétérinaires.

Si maintenant vous choisissez d'emmener votre matou avec vous parce que décidément non, vous ne pouvez pas vous séparer de lui, veillez à son confort personnel durant le voyage. Dans la voiture, aménagez-lui un panier agréable qui puisse être constamment à l'ombre et où l'air passe suffisamment. Dix heures avant le départ, donnez-lui un repas léger. Il est préférable qu'il reste à jeun pendant le trajet si celui-ci n'excède pas douze heures. Vous pouvez aussi le vermifuger deux semaines avant le départ. N'oubliez pas de prendre avec vous son certificat de santé.

Ne laissez surtout pas un chat en liberté dans une voiture pendant que vous conduisez ! Il aurait vite fait de passer sous les pédales d'embrayage, d'accélération ou de frein, ou encore de vous sauter sur le dos en plantant ses griffes dans vos épaules pour peu qu'un coup de klaxon l'ait effrayé.

Si votre chat est un grand anxieux, il existe des plantes ou des huiles essentielles qui auront sur lui un effet apaisant. Les médicaments allopathiques en vente dans le commerce sont à déconseiller car ils peuvent avoir l'effet inverse de celui escompté et générer chez lui des crises psychotiques.

Sur les longs trajets ou en cas de canicule, surveillez les symptômes révélateurs d'un coup de chaleur ou d'une insolation. Si vous voyez votre chat tirer la langue en haletant, en étant prostré ou au contraire agité, le cœur battant à la chamade, arrêtez-vous tout de suite, mettez-le aussitôt à l'ombre (ouvrez-lui la porte de son panier en prenant garde à ce qu'il ne s'échappe pas) et donnez-lui à boire. Vaporisez-le légèrement avec une bombe d'eau minérale - pas trop pour ne pas créer un choc dû au changement de température – ou mettez-lui une compresse humide sur la tête. Ayez avec vous son harnais afin de pouvoir le promener un peu si le besoin se fait sentir.

Un chat qui halète n'est pas forcément en état de déshydratation complète. Les chats, contrairement aux humains, n'ont pas de glandes sudoripares et le halètement est leur moyen de réguler leur température corporelle. Ceci n'empêche pas une intervention rapide pour le soulager.

Attention aux voitures climatisées dont l'air pourrait être trop froid. Le chat est relativement frileux, ayant une température corporelle plus élevée que la nôtre.

Si vous prenez l'avion, à moins de pouvoir coincer la cage de votre chat sous votre siège, matou devra voyager en soute, où il ne bénéficiera pas de conditions de vol idéales.

Retenez que la vaccination antirabique et la puce électronique sont obligatoires dans les départements français déclarés infestés par la rage, dans tous les campings et dans tous les centres de vacances, ainsi que pour partir en Corse. Et que certains pays mettent encore les animaux de compagnie en quarantaine à l'entrée sur leur territoire. Adressez-vous auprès des ambassades ou consulats des pays concernés pour vous renseigner de leur mise en vigueur de ce principe de la quarantaine.

Puis-je le dresser comme un chien ?

Le chat peut apprendre a priori une quinzaine de mots et quelques tours, mais il ne les retiendra qu'avec un système de récompenses et non de contrainte. Titillez son esprit de jeu et sa gourmandise, et vous pourrez avoir - peut-être - un certain succès avec lui.

Si vous usez de punitions avec un chat, il associera celles-ci avec vous plutôt qu'avec son comportement (rappelez-vous qu'il n'a pas cette capacité de l'humain de revoir sa façon d'agir d'après la réprimande. Néanmoins chez l'humain aussi, la punition peut être associée à la personne blessante...). Il finira par ne plus avoir autant d'affection pour vous et en viendra à commettre 'en toute conscience' les bêtises qui vous font réagir habituellement. Avez-vous jamais observé un chat foncer sur le divan, marquer un temps d'arrêt et vous regarder, puis griffer sauvagement l'accoudoir, les oreilles tirées en arrière, pour déguerpir ensuite en dérapant sur le sol ?!

Un chat va comprendre que certains endroits lui sont interdits, mais sa seule explication pour lui est que vous défendez votre territoire comme le font les autres chats. Inutile donc de partir dans de longs discours, justifiés pour vous mais totalement étrangers à votre animal. Celui-ci conçoit parfaitement que certains lieux lui soient interdits à certains moments de la journée et de la nuit, mais tout simplement parce que le partage de territoire a cours de la même façon parmi la communauté des chats. Et il cherchera de temps en temps, comme tout bon chat qui se respecte, à voler un peu de cette place si chère puisque le principe de supériorité auquel il obéit généralement est « Premier arrivé, premier servi ! ».

Le chat n'appréhende donc pas les motivations des interdits autrement que de cette façon. Vous devez ainsi choisir les trois, quatre choses sur lesquelles vous ne transigerez jamais et qui s'apparentent à une délimitation de territoire. Et aucune exception à la règle n'est possible car il ne la comprendrait pas et en tirerait comme conclusion que la chose est à partir de maintenant autorisée.

Il répondra à son nom, mais il s'agit plutôt d'une réaction au timbre de la voix (celle qui l'appelle pour lui donner à manger ...) et de l'association qu'il fait avec ce nom (« Minou ! » = caresses ou friandises). En effet, il ne répond pas forcément à des personnes n'ayant pas l'habitude de lui donner sa nourriture ou de le cajoler, à moins que la curiosité ne soit la plus forte.

Le chat aime-t-il la communauté ?

Contrairement au chien, le chat – bien que vivant en groupe – ne recherche pas forcément le contact physique direct (autrement que pour le combat – simulé ou non - et l'accouplement). C'est donc la socialisation de votre compagnon qui modèlera son caractère.

Les chatons entretiendront des liens familiaux très étroits avec leurs frères et sœurs et leur mère jusqu'à la puberté. Puis ces liens se relâcheront quelque peu. En revanche, les chats qui grandissent en communauté dans la maison développeront une grande complicité entre eux et concevront maints jeux imaginatifs.

Malgré sa réputation d'indépendant, le chat aime à se retrouver avec ses congénères, même s'il les évite à certaines périodes, comme la chasse par exemple (pas de partage, ici). Ils se retrouvent en groupes et se nettoient mutuellement, ce qui est une forme de communication très importante chez eux. Vous aurez donc un chat plus heureux et plus équilibré s'il a souvent l'occasion de rencontrer certains de ses compagnons, ou s'il vit avec un ou plusieurs autres chats.

Bien que la vie en communauté entre un chat et un chien puisse être totalement harmonieuse, leurs différends légendaires vient de ce que certaines postures du chat et du chien – tout en étant identiques - ont une signification totalement différente chez l'un et chez l'autre. Par exemple, un chien qui secoue la queue montre un contentement alors que chez le chat, c'est un signe d'énervement et d'attaque imminente. Leur communication est donc faussée et ouvre la porte aux malentendus.

En revanche, des chats qui ont été élevés avec des chiens s'entendent en général très bien. La seule frustration qui pourrait exister chez un chat vivant avec un chien serait de retrouver son écuelle vide au moment de venir terminer sa pâtée, le chien raffolant des aliments pour chats. Pour éviter ce genre de déconvenue, placez sa nourriture hors de la portée du chien, moins svelte à se faufiler dans des endroits étroits ou compliqués d'accès.

Que dire maintenant de la cohabitation du chat avec les enfants ? Ces derniers, surtout en bas âge, passeront leur temps à le caresser, le taquiner, lui tirer la queue ou essayer mille tours avec lui. Veillez néanmoins à ce qu'ils ne le harcèlent pas. Le chat est patient avec les enfants, mais parfois un coup de patte peut partir s'il est poussé à bout.

Il est préférable de ne pas laisser dormir un chat dans la même pièce qu'un bébé, car il aime à se lover sur la poitrine de l'humain - peut-être à cause du rythme régulier de son cœur et de la chaleur émanant du corps - et un bébé ne supporterait pas ce poids qui l'empêcherait de respirer. Mais c'est vraiment le seul danger qui pourrait survenir. Il est presque impossible qu'un chat agresse un bébé. Si vous ne pouvez interdire la chambre de bébé au chat, accrochez au-dessus du lit une protection tel un filet solide suffisamment tendu, de façon à ce que votre chat ne puisse entrer dans le berceau.

Et les réactions du chat face aux autres animaux, ceux qui titillent son instinct de chasseur ?

Si vous avez agrémenté votre maison d'un bel aquarium habité de jolis poissons multicolores, attendez-vous à ce qu'il fascine également votre compagnon félin, qui tentera à la moindre occasion d'attraper ces magnifiques choses brillantes frétillant dans tous les sens et réveillant quelque part dans son subconscient son côté prédateur. Mettez l'aquarium hors de portée et surtout posez une grille sur le dessus, bien fixée.

Un chat peut rester des heures assis à regarder leurs allées et venues et il lui arrive d'émettre une sorte de 'bêlement' aigu très amusant, dont on ne sait s'il vient d'un agacement à ne pouvoir saisir d'un coup de patte les dits poissons ou d'une excitation qu'il a du mal à contenir.

Il aura la même sympathie à l'égard de nos amis les rongeurs, et là encore une cage solide est de mise. Si vous laissez votre hamster se promener dans la maison pour prendre l'air, c'est à vos risques et périls. Et ne pensez pas que vous serez plus rapide que votre chat !

Un chat qui ne supporte pas l'intrusion d'un nouveau locataire pourrait réagir en se négligeant et en errant comme une âme en peine. Il pourrait même – dans les cas extrêmes – aller jusqu'à quitter la maison. Si la période d'adaptation est difficile, redoublez d'attentions pour lui seul, gâtez-le plus que les nouveaux arrivants, offrez-lui une place privilégiée ; ainsi il ne se sentira pas chassé et pourra peut-être commencer à tolérer les nouveaux pensionnaires. Si ce n'est pas le cas, vous pourrez toujours contacter un comportementaliste pour vous aider.

7e partie : Le cycle de la vie ...

Quand commencent les chaleurs ?

Le mâle peut procréer à partir de ses 8 mois. La femelle atteint sa pleine maturité sexuelle entre 6 et 14 mois (dépendant de son poids et de sa race), bien qu'elle soit fécondable dès le troisième mois. Mais il est plus sage d'attendre pour la reproduction que celle-ci soit âgée d'au moins 16 mois et qu'elle ait terminé sa croissance (qui peut durer jusqu'à 20 mois) avant de la laisser rencontrer le grand amour.

Certaines races peuvent être plus précoces que d'autres. Pour la santé de la chatte, ne lui laissez pas avoir plus d'une portée par an.

Dès qu'un chat sent l'odeur d'une femelle en chaleur, il fait tout pour obtenir un rendez-vous et va fuguer à la moindre occasion (il peut même parcourir un grand nombre de kilomètres). Sa façon de vous faire comprendre qu'il doit absolument sortir sera de miauler bruyamment et d'uriner un peu partout dans la maison, laissant derrière lui des effluves proprement insupportables. Il projette d'ailleurs différemment son urine lorsqu'il marque son territoire : il tourne le dos à l'objet sur lequel il a jeté son dévolu, lève la queue en piétinant de ses pattes postérieures le sol et projette son urine à la façon d'un vaporisateur. Malheureusement cette pratique n'a pas seulement lieu pendant la période des chaleurs, surtout chez un chat non castré ou castré assez tard et qui a eu le temps de prendre cette habitude fort désagréable pour nous. Par égard pour nos sens, le chat marque également son territoire en se frottant contre les meubles et même contre nous, et force est de constater que cette petite tête poilue qui se cogne à nous voluptueusement nous fait oublier tout le reste.

Les batailles entre mâles pour se disputer une femelle sont très impressionnantes et violentes car ceux-ci n'hésitent pas à tenter de castrer l'adversaire avec les dents (on ne joue plus, l'enjeu est sérieux), et les vainqueurs comme les vaincus peuvent revenir avec de sérieuses blessures. Il est important de bien soigner les plaies pour ne pas risquer l'abcès.

S'il ne peut satisfaire ses instincts sexuels, le chat aura tendance à imiter la posture de la femelle, la queue de côté, ou à courir après d'autres mâles.

Le cri de la chatte pendant ses périodes de chaleur est très différent de ses miaulements habituels. En effet la plainte est longue, gutturale et la voix semble se casser par endroits ; la modulation est riche et le cri d'amour se termine en général dans les sons graves. La femelle appelle intensément le mâle, se roule par terre en se contorsionnant, s'accroupit en piétinant le sol de ses pattes postérieures, l'arrière-train en l'air et la queue sur le côté, se frotte à vous, aux meubles, et la moindre de vos caresses la fait « roucouler » de désir. Sa vulve gonfle et il arrive qu'elle urine en dehors de sa litière (le plus souvent dans la baignoire si elle n'a aucun problème de propreté en temps normal). Certaines chattes peuvent être relativement discrètes quand d'autres ont un tempérament beaucoup plus extraverti et hurlent à qui veut l'entendre qu'il est temps de les faire sortir. Là encore, la chatte siamoise bat des records tant en termes de vacarme que de durée des chaleurs (qui peuvent aller jusqu'à une semaine sur deux pendant six mois !).

Le nombre de cycles des chaleurs chez les femelles varie de trois à cinq fois par an, selon la race. Les périodes courent du printemps à l'automne, avec des intervalles de repos de huit à dix jours entre chaque période, mais il arrive que des chaleurs se déclenchent également en hiver. Elles cessent trois à quatre jours après la fécondation. Le mâle, lui, répond présent à n'importe quel moment de l'année.

Le cycle d'ovulation chez la chatte va durer de six à dix jours environ pendant la période des chaleurs (certaines personnes ont affirmé que les chaleurs de leur femelle duraient jusqu'à trois semaines, mais l'ordre moyen est plutôt de huit jours plus ou moins, selon les races).

Au fur et à mesure de l'âge de la chatte, les chaleurs ont tendance à s'espacer ou même à disparaître. Mais à chaque chatte son tempérament et il n'y a pas de règle dans le domaine, même si le tout premier éveil du printemps a tendance à titiller davantage les animaux. La seule présence d'un mâle peut faire survenir les chaleurs d'une chatte, quelle que soit la période de l'année. Le chat vivant en appartement aura moins de tentations qu'un chat « de jardin ».

Sans en avoir personnellement fait l'expérience, j'ai entendu dire qu'il suffisait de garder un chat en rut dans une pièce noire et silencieuse pour calmer ses ardeurs. Veillez tout de même à lui donner de quoi satisfaire sa faim et sa soif ainsi qu'un bac de litière si vous le laissez un petit moment dans cet endroit (toutes proportions bien gardées, s'entend, car il n'est pas question d'enfermer votre chat pour plusieurs jours).

Revenons-en à notre chat toujours partant, qui a réussi à sortir et qui entame une course-poursuite avec la dame qu'il a choisie. Il tourne autour d'elle, se place derrière elle ou sur les côtés (se battant au passage avec les autres mâles qui auraient eu l'outrecuidance de venir piétiner sur son territoire), jusqu'au moment où la damoiselle s'accroupit, la queue de côté, dans une position d'attente. Le mâle la couvre alors en lui mordant la nuque.

La saillie est brutale et il n'est pas rare d'entendre la chatte s'énerver et miauler de douleur. L'accouplement en lui-même peut perturber les âmes sensibles car il est violent, le gland du mâle étant recouvert de petites papilles coniques orientées vers l'arrière qui se redressent pendant l'accouplement, raclant les parois du vagin de la femelle pour déclencher l'ovulation. En effet chez la chatte, c'est la saillie qui provoque l'ovulation.

L'accouplement dure de 5 à 10 secondes. Le nombre d'ovules libérés (de deux à onze) dépendra du nombre de coïts et surtout de leur fréquence (trois fois, à trois/quatre heures d'intervalle).

La chatte n'ayant aucunement le concept de la fidélité, elle peut être saillie par deux ou trois mâles avant la fin de sa période d'ovulation. À chaque pénétration, la chatte émettra un nouvel ovule, ce qui explique pourquoi les chatons d'une même portée peuvent être totalement différents, n'étant pas du même père. Plus une chatte aura été saillie dans une même période, plus elle aura de chatons (la moyenne est de quatre par portée).

Le mâle, après l'accouplement – pour se faire pardonner ? - sera très doux et lèchera tendrement la femelle. Les chaleurs s'arrêteront quelques jours après l'accouplement.

Scientifiquement parlant, chez les animaux, se lécher ou être léché permet de déclencher la production d'endorphines, des hormones aidant à lutter contre la sensation de douleur. Cette connaissance est-elle inscrite dans les gênes des chats mâles lorsqu'ils lèchent la femelle ?

La chatte peut recommencer un cycle d'ovulation alors qu'elle est encore en période d'allaitement. Il est sage de la laisser récupérer et sevrer ses petits avant de lui occasionner une nouvelle maternité. Laissez-la à l'intérieur de la maison quelques semaines et si elle vous mène la vie infernale, utilisez dans la maison un diffuseur électrique de phéromones félines.

Comment se passe la gestation, la mise bas ?

Lorsqu'une chatte a été fécondée, le tour de ses tétons gonfle au bout de quelques jours. Elle déclare en outre un plus grand appétit.

La durée de la gestation est d'environ 60 à 65 jours (« Quelle chance ! » direz-vous). Votre chatte va probablement dormir plus qu'à son habitude et c'est normal. Ne dérangez pas son sommeil, indispensable à la reconstruction des tissus de son corps et à la production de ces substances vitales pour sa future progéniture.

Environ 8 à 15 jours avant la mise bas, la chatte va rechercher l'endroit idéal pour donner naissance à ses petits. Pensez à prévenir votre vétérinaire de l'arrivée imminente de nouveaux locataires. Ainsi il notera dans son agenda une date probable d'accouchement et sera à même de se rendre disponible en cas d'urgence, ou de vous diriger vers un vétérinaire de garde.

Proposez comme lieu de délivrance à votre chatte un fond de placard (attention à ce que vos planches soient bien accrochées et à ce qu'aucun objet ne risque de tomber), un dessous de canapé (mais il sera moins aisé pour vous de surveiller si l'expulsion se passe bien), ou encore un autre recoin à l'abri des allées et venues de la maison et du bruit.

Préparez-lui une large corbeille ou une boite en carton pas trop profonde (veillez à ce que cette dernière soit suffisamment grande pour qu'elle puisse s'allonger et faire téter ses petits). Tapissez-la de coupures de journaux, que vous recouvrirez d'un linge doux et confortable, pourquoi pas un de vos vieux vêtements. L'endroit doit être à l'abri des courants d'air. Mais ne forcez pas la future mère à mettre bas dans un endroit qui ne lui plait pas. Elle a besoin de calme et de sécurité et elle seule sentira le lieu qui lui convient le mieux.

La veille de la mise bas, la chatte sera nerveuse, faisant maints allers et retours vers son « nid ». Sa température va monter, puis baisser et du lait va perler de ses mamelles.

Le travail commencé - après des contractions qui se seront rapprochées de plus en plus - les chatons vont sortir, enveloppés séparément dans leur poche amniotique, à raison d'un toutes les 15 à 60 minutes. Vous pouvez aider la mère à sortir les petits en dégageant leur tête très doucement. Mais il faut aussitôt les rendre à leur mère pour qu'elle les lèche. Celle-ci déchirera la poche amniotique avec ses dents.

La chatte lèchera aussitôt vigoureusement le chaton expulsé afin de stimuler sa respiration. Si jamais elle omettait de le faire, nettoyez le nez de ce dernier avec une gaze stérile puis frictionnez-le délicatement jusqu'à ce qu'il respire, avant de le rendre à sa mère. Elle lèchera de même la zone anale des petits pour déclencher le processus de défécation. Elle continuera ainsi pendant environ trois semaines. Elle mangera leurs excréments ou les placera hors du nid.

La mère coupe normalement le cordon ombilical, mais si là encore elle ne le faisait pas, faites un noeud au cordon avec un fil à deux centimètres du corps du chaton et coupez le cordon du côté du placenta[8]. La chute du cordon ombilical s'opère au bout de deux à trois jours.

Il arrive souvent que la mère mange les placentas. Elle a besoin de protéines après avoir perdu tout ce sang en mettant bas. En outre, les nutriments et les hormones contenus dans

---

[8] www.planetedeschats.fr

ceux-ci faciliteront la lactation. Vérifiez surtout que tous les placentas ont bien été expulsés (il doit y en avoir un pour chaque chaton) car une rétention placentaire peut avoir de graves conséquences pour la chatte.

Si aucun chaton ne se présente après une heure de travail, appelez votre vétérinaire car il se peut qu'un des chatons se présente par le siège ou que le bassin de la mère soit trop étroit pour expulser ses petits. Le vétérinaire décidera si une césarienne est nécessaire.

Lorsque votre chatte s'occupe de ses petits, laissez-la faire tranquillement, elle a une grande quantité de travail à accomplir encore. Ne touchez pas ses petits, afin qu'elle reconnaisse leur odeur. Si vous les manipuliez à ce moment-là ou dans les quelques jours suivants, elle pourrait aller jusqu'à renier ses chatons. Donnez-lui un petit aliment dont elle raffole, ou un peu de lait pour la réconforter et lui donner de l'énergie. Préférez de la nourriture humide à des croquettes. Laissez à sa portée une coupelle remplie d'eau pour qu'elle puisse se désaltérer sans avoir à quitter sa progéniture. Et rapprochez un peu sa litière. Ne changez pas les tissus de sa corbeille ou son carton avant le lendemain. Elle dormira très peu dans les prochaines 48 heures, affairée à nourrir et stimuler ses petits. Elle se couchera sur le flanc pour faciliter la tétée.

Les chatons naissent sourds et aveugles. Ils se dirigent donc avec leur sens olfactif vers le mamelon de leur mère qu'ils auront choisi et qu'ils tèteront durant la plus grande partie de l'allaitement. Ils n'ouvriront les yeux qu'entre sept et douze jours.

Une chatte a quatre paires de mamelles, mais si la portée est trop nombreuse, il se peut qu'elle délaisse un ou plusieurs chatons pour la tétée.

Si un chaton ne peut pas téter sa mère, vous pourrez acheter en pharmacie des biberons de lait reconstitué de chatte, ou lui donner du lait de vache enrichi d'un jaune d'oeuf (un jaune pour un quart de litre). Si le chaton est trop petit et faible pour téter facilement le biberon, servez-vous d'une seringue de laquelle vous aurez bien sûr retiré l'aiguille. Cependant, dans la mesure du possible trouvez-lui une chatte nourricière qui saura remplacer la mère dans l'éducation féline de celui-ci. Autrement, vous risquez d'avoir un chat déplaisant et pouvant même être méchant, car il n'aura pas été « socialisé » par une chatte.

Maintenant la nature opère ainsi une sélection naturelle, et certains se demanderont s'il ne faut pas la laisser faire. Le choix vous en revient, mais la réflexion ne sera pas inutile.

Il arrive parfois qu'une mise bas s'accompagne du deuil d'un ou de plusieurs chatons, soit parce qu'ils sont mort-nés, soit à cause de complications ultérieures. On reconnaît une fausse-couche aux sécrétions noirâtres et aux traces de sang qui s'écoulent de l'orifice génital de la chatte. Si un liquide vert s'écoule du vagin et que le terme est dépassé, il y a probablement un fœtus mort qui n'a pas été expulsé. Il est urgent de prévenir le vétérinaire pour qu'il vérifie si la mère n'a pas d'occlusion interne ou si elle a besoin d'une intervention (césarienne).

De la même façon, si votre chatte n'accouchait pas après 65 jours, n'attendez pas un jour de plus et appelez votre vétérinaire. Si le travail devait durer plus de quatre heures, il y a urgence. La chatte peut également arrêter de pousser. Il lui faudra alors une piqûre pour déclencher à nouveau les contractions.

Certains comportements anormaux de la chatte peuvent survenir, face auxquels il faut réagir très vite : en effet, il est déjà arrivé (cas rares) que la chatte, après avoir avalé le placenta des nouveau-nés, se met à les lécher avec tellement d'insistance que si vous ne les retirez pas très vite, elle les dévorera. D'autres chattes rejettent leur progéniture au point de la laisser mourir de faim si vous n'intervenez pas. Ces comportements sont parfois dus à un manque de magnésium et de calcium dans leur alimentation. Ou bien, la chatte a ressenti très vite que tel chaton avait une maladie ou un handicap, et elle préfère le tuer pour réserver son lait aux chatons bien portants.

La femelle qui allaite a besoin d'une alimentation bien plus riche que d'ordinaire, et de très bonne qualité, afin que son lait soit suffisamment nourrissant pour ses chatons. La quantité qu'elle avalera aura déjà augmenté de 20 à 30% au cours des trois dernières semaines de gestation. Elle mangera quatre fois plus à partir de la quatrième semaine après sa mise bas.

Par la suite, pour faciliter le tarissement du lait, mettez-la au régime à partir de la sixième semaine. Il est bon de la mettre à la diète pendant une journée une fois qu'elle ne fabrique plus de lait. Le lendemain, ne lui donnez qu'un quart de sa ration habituelle, le surlendemain un demi, etc. jusqu'au moment où vous pourrez lui donner à nouveau sa ration normale d'avant la gestation.

Vous verrez parfois la mère déplacer sa portée à différents endroits de la maison. C'est un geste naturel hérité d'un comportement instinctif, qui commande de changer le nid de lieu lorsque son odeur devient trop forte, de manière à ne pas attirer d'éventuels prédateurs. Surtout laissez-la faire si vous ne voulez pas générer d'anxiété de sa part.

Instinct ou comportement conscient ? Toujours est-il que la chatte s'occupera facilement des chatons d'une autre mère et peut même à servir de parent à un lapin, un écureuil ou même un raton ! Elle protègera jalousement sa portée allant jusqu'à les cacher si elle sent que les petits sont en danger. De très belles histoires ont été rapportées sur l'élan maternel de ces chattes.

Que deviennent les chatons maintenant ?

Un chaton a besoin de beaucoup de sommeil et ne doit pas être dérangé par des enfants ou du bruit. Ne le réveillez surtout pas quand il dort car c'est durant cette période qu'il se construit au niveau neuronal. De plus, vous risqueriez de lui occasionner un grand choc.

Il ne doit pas non plus souffrir d'un manque de présence et d'affection venant de la mère, ou encore de vous-même si celle-ci pour une raison ou une autre n'était pas présente.

Ne manipulez pas un chaton comme un jouet. Sa mère a besoin dans un premier temps de reconnaître son odeur, sinon elle pourrait le délaisser, et ce petit bébé fragile a besoin de calme et de sécurité. Il ne vous viendrait pas à l'idée par exemple d'envoyer dans les airs un bébé fraîchement né pour le faire rire (j'espère !).

Comme il l'a été dit précédemment, le chaton naît sourd et aveugle. Il se dirigera, en reconnaissant l'odeur de sa mère, vers le nid familial où il passera le plus clair de son temps à dormir et à téter. A partir de la troisième semaine environ, il suivra sa mère partout où elle ira, coordonnant de mieux en mieux ses mouvements. Les premiers pas d'un chaton sont toujours source d'attendrissement et d'émerveillement, tant ces petits félins sont irrésistibles dans leurs déplacements volontaires et maladroits.

Au bout de trois semaines, les chatons commencent à ouvrir les yeux et à goûter à la nourriture que leur présente leur mère. Celle-ci en profite pour leur montrer l'emploi de la litière, que vous aurez pris soin de rendre accessible aux petits chatons titubant encore sur leurs pattes.

Un chaton peut commencer à boire de l'eau dès la cinquième semaine. Le goût et l'odorat vont s'affiner et votre chat commencera à avoir des exigences de nourriture. Ses habitudes alimentaires seront fixées dans ses six premiers mois de vie.

Ici se jouera la future marque d'aliments en boite que vous devrez acheter sans faillir sous peine de bouderies allant même jusqu'au jeûne. Il est probable que les producteurs ajoutent dans leur pâtée pour chats une saveur spécifique à la marque, que nos petits félins intègrent dans leur mémoire gustative et qui leur fait refuser par la suite toute autre nourriture émanant d'une marque concurrente. Donc, à moins de ne jurer que par les marques les plus chères, pensez au budget que vous accepterez de mettre dans son alimentation, sans peut-être toutefois descendre dans les sous-marques qui n'ont pas forcément la même qualité nutritive ni le même équilibre vitaminique. L'alimentation de votre chat doit comporter suffisamment de vitamines et oligo-éléments.

Le chaton aura ses premières dents à un mois. Il aura terminé sa dentition de lait vers ses six semaines. La dentition définitive sera apparue au plus tard à sept mois. Le chat possède en général trente dents.

Il faut attendre 10 à 12 semaines avant de séparer les chatons de leur mère, si vous désirez les donner ou les vendre. Ils sont en général propres à partir de cette période, et sevrés.

Aux alentours de la douzième semaine, les chatons sont capables de reproduire la plupart des miaulements d'un chat adulte. Et chaque chaton a un cri bien distinctif pour signifier sa détresse à sa mère, qu'elle reconnaît entre mille.

La mère éduque sa progéniture de façon consciencieuse, lui inculquant la propreté et l'initiant à la chasse. Elle n'hésite pas à donner un petit coup de patte si un chaton la griffe trop en lui tétant les mamelles. Elle sera la garante de la personnalité du chaton, qui sera en majeure partie forgée par les expériences et les jeux inhérents à son éducation.

Si vous séparez le chaton de sa famille avant qu'il n'ait eu le temps de recevoir cette éducation de sa mère (c'est à dire avant la période de sevrage), il ne saura pas jouer avec vous autrement qu'en griffant et mordant.

Donnez vite un nom au chaton et appelez-le le plus souvent possible par celui-ci, dans un premier temps en association avec le moment des repas. Récompensez-le (pas forcément avec de la nourriture) chaque fois qu'il a répondu à son nom.

Puis lorsque vous le portez, ne le gardez pas sur vous jusqu'à ce qu'il s'en aille de lui-même : reposez-le vous-même avant, comme le ferait sa mère. Vous éviterez ainsi qu'il panique.

N'oubliez pas de jouer souvent avec lui. De l'avis d'experts, la période critique pour la sociabilité du chaton se situe entre ses quatre à huit semaines. Des jeux ou de l'absence de jeux découleront un caractère expansif et social, ou sauvage et renfermé, à l'âge adulte. Le jeu est à ce point primordial, qu'un chaton ou un chat privé d'activités ludiques peut présenter des troubles du comportement et voir son quotient intellectuel amoindri.

Habituez très jeune votre chaton au collier, car il sera sa première identification pour le cas où il serait perdu et/ou récupéré par quelqu'un. Vous pouvez y accrocher une capsule contenant vos nom et adresse ; ainsi il ne sera pas étiqueté chat errant et vous pourrez être informé(e) du lieu où il se trouve. Veillez à ce que la capsule ne puisse pas s'ouvrir spontanément, auquel cas votre chat redeviendrait anonyme.

Opéré, pas opéré ?

Tout dépend du futur que vous envisagez avec votre chat. Lui voulez-vous une descendance ? Si oui, êtes-vous sûr de pouvoir garder ou placer les chatons ?

Voilà ce qui vous attend si vous décidez finalement de faire stériliser votre petit animal : terminé, les meubles et les murs arrosés d'une urine dont il est presque impossible de faire disparaître l'odeur ; fini, les plaintes amoureuses pouvant se répéter de 3 à 10 fois par an ; et terminé les batailles violentes entre mâles qui ramenaient votre chat en piteux état, recouvert de plaies pouvant s'infecter, ou présentant des risques de contamination par d'autres chats.

La castration rendra votre chat plus facile de caractère, moins agressif et celui-ci ne sera plus possédé par le démon de midi, mais ... il aura tendance à grossir (il ne se dépense plus autant qu'avant). Il faudra donc réduire un peu sa ration alimentaire. La femelle se calmera de même, tout en devenant plus possessive. Bref, tout le monde y trouvera son compte et la maison sera ainsi plus paisible.

La stérilisation ne se pratique pas avant les cinq mois du chaton, bien que certains éleveurs et associations penchent en faveur d'une stérilisation plus précoce (entre deux et trois mois) pour éviter de futures mésalliances aboutissant à des chats errants. La polémique est encore vive en France.

Castrer un mâle très jeune, contrairement aux croyances et après des études sur le sujet, ne favorise pas la création de calculs urinaires. En revanche, une castration précoce empêchera un développement normal du pénis et rendra l'extériorisation plus difficile.

Un autre désaccord porte sur la nécessité de faire stériliser une chatte avant ou après qu'elle ait eu une première portée.

Certains affirment qu'une chatte a besoin d'être mère au moins une fois dans sa vie, afin de ne pas déprimer (ou tomber malade) parce qu'elle ne pourrait jouer un rôle ancré dans ses gènes depuis des millénaires. D'autres opposent à cela le fait qu'une fois l'instinct maternel de la chatte réveillé, il restera ancré en elle toute sa vie et qu'elle ressentira un manque à ne pouvoir procréer à nouveau.

De l'avis de plusieurs vétérinaires, une ovariectomie (stérilisation de la chatte) précoce - c'est à dire avant ses premières chaleurs – réduirait de sept fois le risque de développement ultérieur de kystes ou de tumeurs ovariennes ou mammaires, étant donné que la sécrétion permanente d'hormones sexuelles chez la chatte accélère leur apparition. Ainsi, en retirant les ovaires de la chatte, on supprime de la même façon la source de ce dérèglement hormonal.

Les personnes qui en revanche recherchent les portées ou ne veulent pas contrecarrer le cycle de la nature ne verront pas cette solution du même œil et c'est tant mieux, car ainsi la race des félidés a encore de beaux jours devant elle.

Quel que soit votre choix, si votre chatte se morfond vous pouvez toujours remédier à son ennui avec des jeux, ou en adoptant d'autres chatons.

8e partie : Il y a certaines choses dans son comportement que je ne comprends pas ...

Quoi ? Mon chat a fait des bêtises ?!

Sachez qu'en France, vous êtes responsable des dégâts que peut provoquer votre chat. Si votre matou est du genre petit démon avec les voisins et saccage tout sur son passage, il est peut-être plus sage de contracter une police d'assurance pour animaux, afin d'éviter maints déboires financiers et relationnels.

Un chat est réfractaire aux punitions. D'ailleurs, il ne comprend pas leurs motivations. Il voit seulement que parfois vous êtes fâché, sans trop savoir pourquoi, et il peut développer une agressivité envers vous pour cette raison. Moins un chat a d'interdits, plus il va être capable de les gérer (encore qu'il puisse très bien reproduire exprès une action qu'il sait non approuvée, uniquement pour vous signifier qu'il fait ce qu'il veut quand il le veut ! Ce genre de réaction survient en général lorsque vous l'avez trop bouleversé en lui ayant crié dessus ou en l'ayant poursuivi en colère).

Allez-y progressivement. Vous ne pouvez pas le même jour interdire plusieurs choses à votre chat et penser qu'il va les intégrer aussitôt. La patience est de rigueur, et il ne faut pas avoir peur de répéter une règle maintes et maintes fois. En revanche, il est important de vous tenir vous-même à cette règle, en partant du principe que ce qui est interdit aujourd'hui ne sera pas permis demain, parce que vous avez envie de lui faire plaisir ou que vous vous lassez de le chasser pour la nième fois de la table. Et ceci vaut pour tous les membres de la famille, qui doivent connaître ces interdits et ne pas les lever sous prétexte que « maman (ou papa) est trop sévère ! ». Ce principe est exactement le même qu'avec les enfants : la santé d'esprit vient avec la stabilité des codes, sinon vous avez un être en pleine confusion qui finira par faire simplement ce que bon lui semble parce qu'il ne sait plus à quoi se raccrocher, n'ayant plus de repères de ce qui « se fait » et « ne se fait pas ».

La bêtise doit être réprimandée dans l'instant : si vous attendez ne serait-ce que quelques secondes, le chat ne fera pas l'association entre ce qu'il vient de faire et votre attitude à ce sujet. Il suffit d'un « Non ! » catégorique ou d'un « Pshtt ! », d'une voix à peine plus forte que la normale, et de retirer matou de l'endroit qu'il saccage pour qu'il comprenne – cette fois-là – qu'il est préférable de ne pas continuer son forfait. Il vous faudra réitérer plus d'une fois cette action avant que votre chat ne finisse par cataloguer son acte dans la catégorie « À éviter ». Ne pensez pas à de la stupidité de la part de votre félin, il a juste la mémoire un peu courte et quoi qu'on en dise, il lui manque la capacité à évaluer philosophiquement la notion du bien et du mal…

Un chat n'associe pas forcément la réprimande à l'acte mais plutôt à la présence du maître ; si vous vous contentez de le gronder ou de le faire fuir par des gestes brusques ou des cris, il risque par la suite de vous fuir plutôt que d'abandonner son comportement fautif. Le faire descendre manuellement de la table avec un « Non ! » ou l'enlever du canapé dès qu'il commence à le griffer joyeusement portera davantage ses fruits.

Quel que soit le mot que vous emploierez pour lui signifier un interdit, gardez toujours le même pour tous les autres interdits. Notre chat n'est pas conscient qu'il existe des synonymes dans la langue des humains.

Le meilleur moyen pour vous de ne pas être associé à la réprimande est de lui envoyer un jet d'eau ou d'air au moment du délit, sans qu'il vous voit (il est vrai qu'on n'a pas toujours un vaporisateur à eau coincé dans sa ceinture ...). Il fera alors simplement la relation entre son acte et le désagrément encouru.

Mais les amis des chats savent bien à quel point ce dernier peut être têtu et frondeur...

Puisque vous voici limité(e) en termes d'interdits à lui inculquer (votre chat ne peut pas intégrer plus de quatre ou cinq interdits, un chaton pas plus de deux ou trois), choisissez les plus judicieux, comme par exemple ceux qui pourraient le mettre en danger. Pour le reste, la tolérance est de mise, et ce pour toute sa vie puisqu'il ne réfléchira jamais à ses actes comme pourrait le faire un enfant qui grandit.

Vous pouvez éviter un grand nombre de bêtises si vous pensez à bien fermer vos placards, à mettre votre sac poubelle dans une boite prévue à cet effet, si vous n'avez aucun objet fragile trônant sur la cheminée ou sur une étagère ... et si vous nettoyez régulièrement son bac à litière. Un chat se faufile très facilement entre les bibelots sans les faire tomber, peut sauter sans problème sur une bibliothèque sans casser le vase de fleurs qui l'assortit, sauf s'il a envie de montrer sa contrariété (l'avez-vous réprimandé ?) ou s'il est en train de jouer à courir après un papillon imaginaire ou après un autre chat. Si casse il y a, relativisez en vous demandant quel système dans la nature apprend aux animaux qu'il n'est pas bien de casser des objets.

Un chat réagit très fortement aux stimuli de son environnement (que ce soient les cris ou les jeux), surtout lorsqu'il a été retiré trop tôt de sa mère et de ses frères et sœurs, car il n'aura pas terminé son sevrage affectif. Un environnement calme mais propice aux jeux aura les meilleurs résultats sur votre chat et fera naître une amitié entre vous et lui dans la douceur et la sérénité.

Pourquoi dépose-t-il des odeurs partout où il passe ?

Chez le chat, le dépôt d'odeurs (surtout d'urine) est en général une incitation à l'attention des autres chats à recouvrir ce dépôt par un autre et à poursuivre leur chemin sans crainte. C'est donc plutôt un message « amical » à la gente féline qu'il n'y a pas de risque à traverser ce territoire, une forme de communication que l'on retrouve chez les chiens, qui déposent volontiers leur urine sur les endroits déjà tapissés par leurs congénères. Je vous le concède, il y a mieux comme échanges de civilités, et heureusement que nous autres humains avons la parole !

Mon chat gratte compulsivement autour de sa gamelle : est-ce normal ?

Vous avez certainement remarqué que votre chat, de temps à autre, va gratter avec ses pattes antérieures durant des minutes interminables le sol, le mur ou les meubles qui entourent sa gamelle, alors qu'il aurait tellement plus de raisons de le faire dans son bac.

Ce comportement, qui pourrait paraître étrange, a pour origine une éducation inculquée très jeune par la mère, qui commande de recouvrir ses besoins naturels de façon à masquer leurs odeurs aux prédateurs. Le chat réagit en fait de manière instinctive en réponse à un message ancestral et sauvage de survie dans la nature.

Ce sont les odeurs de leurs déjections ainsi que les odeurs alimentaires qui déclenchent chez le chat ce comportement de recouvrement, lorsqu'il est en position de « dominé » (il l'est forcément dans son rapport à l'humain puisqu'il dépend de nous pour la nourriture).

Des scientifiques ont notamment remarqué que le chat haret (chat domestique retourné à l'état sauvage) ne recouvrait ses excréments qu'en présence d'un chat supérieur et jamais dans le cas contraire.

Dois-je l'empêcher de jouer avec une proie morte ?

Si votre chat joue avec une proie morte – qu'il l'ait tuée lui-même ou non - lui donnant des coups de pattes hésitants, tournant autour, c'est simplement qu'il essaye de faire redémarrer son jouet ... comme redémarrent tous les autres ! Il n'a pas intégré mentalement qu'une véritable mort pouvait survenir lorsqu'il joue. Ce n'est donc pas un comportement de cruauté mais plutôt un « Ben quoi ? On ne joue plus ? ».

Il n'aime pas son écuelle

Pourquoi diable votre chat sort systématiquement les bouchées ou les croquettes de sa gamelle pour les manger à côté ?

Si vous avez soigneusement lavé la gamelle en question (les chats détestent l'odeur de la viande avariée), l'explication de cette attitude vient d'habitudes ancestrales : le chat, dans la nature, ne mange pas sur le lieu de sa chasse mais dans un coin retiré, à l'abri d'éventuels pique-assiettes. Il reproduit ainsi de façon instinctive cette habitude de chasseur, se contentant toutefois de sortir les bouchées de sa gamelle.

Que faire s'il gratte la terre de mes plantes ?

Vous pouvez recouvrir la terre de vos pots de gros cailloux lisses ou encore d'épluchures d'orange ou de marc de café. Puis vous demander si vous avez choisi le bon griffoir pour lui ou encore s'il n'est pas en train de protester vis-à-vis de sa nourriture et vous le fait savoir.

Pourquoi tremble-t-il en dormant ?

Un chat, lorsqu'il rêve, reproduit des parties de chasse. Ses pattes tremblent, ses moustaches tressautent, et pour peu que vous l'ayez laissé dormir à côté de vous, il vous lance parfois la patte dans la figure ou vous griffe d'un seul coup ... croyant peut-être avoir attrapé une souris ou un oiseau.

Ces rêves se produisent pendant la période du sommeil paradoxal et ses réactions sont tout à fait normales puisqu'il est « dans son rêve ». Il peut être éprouvant pour lui que vous le réveilliez à ce moment-là. Donc prenez les devants si votre chat semble s'activer davantage dans son sommeil qu'à l'état d'éveil, et laissez une certaine distance entre lui et vous pendant la nuit si vous ne voulez pas vous réveiller en sursaut, le coeur battant et l'oeil exorbité sous la douleur, tandis qu'il vous regardera l'air horrifié et le poil hérissé. Qui alors aura le plus peur de l'autre ?

9e partie : Mon chat n'a pas l'air d'aller bien

Les comportements anormaux du chat

Si votre chat refuse de manger, il faut pouvoir en reconnaître la cause : est-ce un problème de gencives ou de dents, de douleur abdominale, de constipation, d'intoxication alimentaire ou médicamenteuse ? Ou encore une cause psychologique : avez-vous changé quelque chose dans ses habitudes ou dans les vôtres qui pourrait le contrarier ?

Evidemment, chaque cause à une solution différente. Si l'origine est davantage un bouleversement du style de vie, le remède est simple : reprenez les anciennes habitudes. Et si la transition est vraiment indispensable, opérez graduellement, sur plusieurs jours. Dans le cas d'un choc affectif, si votre amour ne semble pas le soulager, faites appel à un comportementaliste pour animaux qui pourra vous aider dans ce domaine.

Dans le cas d'un dérangement d'ordre physique, vérifiez s'il n'a pas une indigestion (qu'a-t-il mangé à son dernier repas ?). Dans ce cas, l'homéopathie peut vous aider à le soulager (Nux Vomica 5 CH, 3 granules 4 fois par jour pendant 2 jours, ainsi que le préconise le docteur vétérinaire Jacqueline Peker[9]). Si le

---

[9] Jacqueline Peker : Soignez votre chat par les médecines naturelles. Editions Robert Laffont.

problème provient d'une dent cariée ou malade, le vétérinaire pourra décider s'il faut ou non l'arracher.

La menthe à chats (Cataire) est une plante qui peut soulager les problèmes digestifs ainsi que les grippes.

Attention : ne donnez jamais d'aspirine ou de paracétamol à votre chat : ces médicaments sont toxiques pour lui.

Si votre chat rentre un jour l'air fiévreux, semblant ne rien pouvoir avaler, de la salive au coin des lèvres, regardez sa gorge : il a peut-être attrapé une angine. Dans ce cas, la gorge est rouge. Le chat n'a qu'une envie : aller se cacher dans un coin pour souffrir en silence. Ces symptômes peuvent de la même façon être les premiers signes d'un coryza, qu'évidemment il faut soigner au même titre que l'angine, et même très rapidement.

Un chat peut avoir de l'asthme, dont les symptômes sont proches de ceux des humains. Il cherche son air, la tête tirée vers le haut, hoquette, tousse de façon crispée et douloureuse. Ouvrez alors les fenêtres pour lui donner un peu d'air frais et massez très doucement sa gorge et sa poitrine pour calmer le spasme. Là encore, comme pour les autres problèmes physiques et psychologiques évoqués plus haut, l'homéopathie peut être efficace, même si une visite chez le vétérinaire s'impose en cas de crise grave. A ce moment-là, une piqûre de cortisone peut être nécessaire.

Si un chat fait ses besoins à côté de la litière ou ailleurs dans la maison, il est important de déceler la cause de ce trouble du comportement. Une première solution peut être de retirer le couvercle de son bac à litière. En effet, le chat peut être perturbé par le fait de ne pouvoir détecter un danger éventuel lorsqu'il est enfermé dans son bac. Si cette solution ne donne aucun effet, recherchez la cause ailleurs, dans tout changement qui a pu s'opérer entre le moment où votre chat était propre et celui où il a commencé à souiller des parties de la maison.

Les chatons nourris exclusivement avec de la viande rouge et qui ont un excès de vitamine D peuvent présenter une déformation de la colonne vertébrale et des douleurs osseuses. Si votre chat se sauve sous la caresse, inquiétez-vous de ce qu'il souffre peut-être au niveau de sa structure osseuse.

Si votre chat après avoir émis des selles détale dans toute la maison, parfois avec un miaulement aigu, s'il se frotte l'anus sur le tapis en rampant ou se lèche compulsivement l'orifice anal, vérifiez une possible inflammation ou un abcès à ce niveau. Le chat n'aime pas qu'on regarde cette partie de son anatomie et il faudra beaucoup de douceur pour arriver à ausculter cet endroit. Couchez-le gentiment sur le dos et caressez-lui le ventre pendant que vous soulèverez lentement sa queue. Si effectivement irritation il y a, vous pourrez calmer la douleur avec une pommade au Calendula (attention à ne pas griffer cet endroit sensible avec vos ongles). En cas d'abcès, il sera nécessaire de consulter pour avoir le traitement qui le fera disparaître. Un abcès provoque un gonflement des tissus et une rougeur accompagnés de chaleur à l'endroit douloureux.

Un déménagement en vue ? Des bouleversements dans la maison ?

Un chat a ses habitudes et n'aime pas trop en changer. De brutales modifications de son environnement (comme un changement complet des meubles ou un déménagement) peuvent énormément le perturber. En effet, il ne retrouve plus les odeurs qu'il a laissées un peu partout pour marquer son territoire et seule votre présence reste encore un repère stable pour lui. Certains chats peuvent le supporter s'ils sont en bonne santé, si vous avez entretenu leur esprit de jeu et leur vivacité, mais si votre chat a été habitué à une vie pantouflarde en intérieur sans autre distraction que le repas, ou s'il est un peu vieux ou malade, ces changements pourront l'affecter.

De telles émotions peuvent être évitées en observant quelques précautions et en agissant « en amont » : le chat flaire très vite lorsqu'un départ important va avoir lieu. Il suffit d'une valise sortie pour qu'il aille se cacher à l'extrémité la moins accessible de votre canapé. Et si vous essayez de l'en sortir, il filera comme une flèche à l'autre bout de la maison. La vue de son panier de voyage lui fait le même effet. Il est important qu'il se familiarise avec celui-ci avant le jour du départ (en vacances ou chez le vétérinaire). Plus l'objet sera confortable, plus il aura l'adhésion de votre chat. Le laisser dans un coin, la porte ouverte et un peu de croquettes à l'intérieur, à côté de son panier de repos par exemple, donnera l'occasion à votre minou de pouvoir visiter les lieux et d'en ressortir quand il le veut et pourra désamorcer l'association « Panier de transport = Je vais avoir, ou me sentir mal ».

Si un déménagement est en vue, servez-vous des cartons pour faire des parties de cache-cache avec votre chat , ainsi l'emballage de la vaisselle peut devenir un jeu et il sautera allègrement d'un carton à un autre tandis que vous vous escrimerez à fermer les boites. Vous pouvez également prendre ses pattes antérieures et les lui appuyer sur les cartons afin qu'il dépose des phéromones et reconnaisse ainsi leur odeur lorsque les dits paquets arriveront à destination.

La veille du déménagement, ramenez votre chat à la maison dans la soirée s'il a plutôt l'habitude de sortir, cela vous évitera d'avoir à le chercher durant des heures le jour dit, alors que vous aurez bien d'autres choses à faire. Pour avoir l'assurance de le voir revenir dans la nuit au plus tard, ne lui servez pas de repas ce jour-là par exemple. Son estomac creux se chargera de lui rappeler le chemin de la maison.

Le jour du déménagement, le mieux serait de le laisser dans la maison (en prenant garde à ce qu'il ne s'échappe pas), de préférence dans une pièce fermée, avec son bac à litière et ses écuelles, jusqu'à ce que tout le déménagement soit effectué ; puis vous pourrez l'emmener avec vous pour le dernier voyage.

Caressez-le pendant le transport, parlez-lui doucement, présentez-lui des croquettes à manger et de l'eau à boire, surtout pendant l'été. Il ne mangera pas forcément mais se sentira sécurisé par votre main lui offrant de la nourriture.

Lorsque vous arriverez dans votre nouvelle maison (ou maison de vacances), gardez-le dans une seule pièce au départ, de préférence celle dans laquelle vous avez entreposé les cartons sur lesquels il a déposé son odeur, et laissez-lui de l'eau, un peu de nourriture et son bac. Une fois qu'une des pièces sera à peu près aménagée, vous pourrez l'y transférer. Laissez-le découvrir la maison dans la soirée, quand tout est plus calme, et déposer ses marques un peu partout – c'est la meilleure façon pour qu'il prenne possession des lieux rapidement – puis aménagez-lui les coins où il pourra venir se sustenter et aller dormir. Un moyen plus rapide de lui faire reprendre ses marques est de passer la main sur vos nouveaux meubles après avoir caressé votre chat. Vous déposerez ainsi son odeur sur ceux-ci et de la reconnaître le rassurera.

Ne laissez pas un chat dans une maison encore en pleins travaux, sans votre présence rassurante et au milieu des bruits et de la poussière ! Avec la perte de son ancienne demeure, il pourrait développer une déprime et même déclencher une maladie. Si vous ne pouvez emménager plus tard, préférez laisser votre chat à des amis qu'il connaît en attendant que la nouvelle maison soit calme et ses meubles déballés et montés.

Si votre chat doit vivre à l'extérieur, ne le laissez pas sortir les premiers jours, pas avant qu'il ait suffisamment imprégné la maison pour pouvoir la retrouver lorsqu'il aura envie de rentrer.

Le chat en général n'est pas si attaché à sa première demeure qu'il refuse totalement d'en changer, bien que des cas de chats voulant revenir obstinément à leur ancien logis aient été relatés. Mais ce cas de figure est plutôt rare. Si vous avez pris les précautions nécessaires lors de ce bouleversement d'habitudes, il devrait s'adapter sans problème. Surveillez bien en tous les cas les changements de comportement de votre chat dans les semaines qui suivent et si vous remarquez des agissements inhabituels, n'hésitez pas à redoubler de petites attentions et de jeux pour sortir votre chat de son angoisse. Si vos efforts ne paient pas, demandez les conseils d'un spécialiste du comportement des animaux.

Les indicateurs qui montrent que votre chat ressent un malaise sont en général les jets d'urine intempestifs, le fait de déféquer en dehors de son bac et l'agressivité. Ou encore une apathie peu habituelle au regard de son comportement de base plutôt actif et joueur.

De même, si vous devez accueillir de nouveaux animaux dans la famille alors que Sa Majesté le chat en fait déjà partie intégrante, ne délaissez pas l'ancien au profit du nouveau. Votre chat pourrait être jaloux et vous en faire voir de toutes les couleurs, peut-être même calmer son énervement sur le petit nouveau ...

Il sera jaloux de la même manière si un nouveau membre, humain cette fois-ci, vient élire domicile et lui enlever l'exclusivité dont il jouissait jusque-là. Il est important que vous ne lui retiriez aucun de ses privilèges et que la nouvelle personne soit aux petits soins pour lui autant que vous ; il retirera bientôt une satisfaction évidente à recevoir l'attention de deux personnes au lieu d'une !

Que signifie cette agressivité chez lui ?

L'agressivité d'un chat peut se manifester de manières différentes, et il importe de savoir les reconnaître pour traiter la cause. Si vous avez adopté un chat adulte, connaissez-vous son passé ? Peut-être a-t-il été maltraité, peut-être a-t-il dû jeûner plus d'une fois parce que laissé à l'abandon, peut-être a-t-il souffert d'une façon ou d'une autre et a-t-il plus de méfiance maintenant envers les humains qui l'approchent ? Un chat n'est pas agressif par vengeance, il y a toujours une raison précise à son comportement. La réadaptation sera parfois longue, mais au bout du compte, vous aurez un chat à nouveau sécurisé et reconnaissant, profondément attaché à vous.

Comment analyser maintenant les différentes réactions du chat qui passent pour de l'agressivité ?

* Le chat ne supporte pas le moindre bruit et va se cacher pour soudain sauter sur vous lorsque vous arrivez à proximité. Grande nervosité ou perte de ses repères ?

* Il se cache au moindre bruit, mange vite en regardant partout autour de lui, vérifiant qu'il est bien seul, puis court se cacher sous le canapé ou autre endroit inaccessible : il doit avoir une grande peur. A-t-il fait une grande chute, a-t-il été laissé à l'abandon, a-t-il été frappé ?

* Il est agressif parce qu'un nouveau venu est dans la maison. Quel est cet intrus qui prend sa place auprès de son maître ?

* Il détale dans tous les sens, semble vous fuir, miaule parfois, surtout après être allé dans son bac : a-t-il des vers ou une irritation qui le fasse souffrir ? Des désordres intestinaux ?

* Il mord lorsqu'il est dérangé dans son sommeil, est anxieux, n'aime pas rester seul et est souvent affamé : problèmes de foie et de reins ? Il se lasse vite des menus répétés et a une mauvaise haleine probablement due à une constipation chronique. C'est plutôt le lot des chats âgés, qu'il vaut mieux laisser tranquilles tout en leur apportant des mets qui satisferont leur palais devenu capricieux.

* Un chat qui n'a pas eu un début de vie heureuse peut être très doux avec ses maîtres et totalement déchaîné avec les étrangers, les griffant et les mordant, refusant de se laisser prendre dans les bras.

* Il est agité, toujours en mouvement et peut avoir des spasmes qui font trembler tout son corps, et même saliver. Puis il agresse. Il cherche ensuite à fuir sans sembler trouver la sortie. Il est en fait en grand état d'anxiété et l'attaque lui permet de décharger ce stress accumulé. Cherchez vite la cause.

* Le chat agresse, mais la crise passe vite. Puis il part manger et va dans son coin pour y faire la sieste, sans toutefois être endormi profondément. Ces 'sautes d'humeur' sont souvent liées à des problèmes de peau (piqûres de puces, démangeaisons). Ce chat-là, contrairement à ce qu'on voit le plus communément, aime le sucré (ce qui est mauvais pour sa santé).

* On peut également noter une agressivité due aux périodes de rut où l'excitation sexuelle est à son comble. Le mâle mordra tout ce qui bouge, tourne dans toute la maison ; la femelle griffe et miaule. Des démangeaisons peuvent survenir et leur poil devient terne.

De toutes les façons, la punition doit être bannie (elle n'est d'ailleurs jamais la bonne solution) ; il est important de rester calme, et souvent un « Non ! » ferme stoppe la crise. Attention : ne prononcez jamais le nom de votre chat en même temps que le « Non » de l'interdit (« Non, Minette ! »), car il associera aussitôt les deux mots et ne répondra plus par la suite lorsque vous l'appellerez, identifiant son nom à un moment pas très réjouissant pour lui.

Mais il sera parfois plus efficace pour calmer votre chat de rester silencieux ou de chantonner très bas, très doucement ... ou encore de ronronner. Veillez à ce que la maison soit calme, réfrénez les interdits (et donc les réprimandes qui les accompagnent) et évitez les jeux qui pourraient réveiller son agressivité (comme des jeux d'attaque ou de stimulation excessive).

Ne le prenez pas trop dans vos bras non plus, à vouloir le caressez pour l'apaiser, car ce qui serait au départ un geste de réconfort pourrait vite tourner au supplice chinois et provoquer l'effet inverse de celui escompté.

L'agressivité du chat peut être apaisée par la diffusion dans la maison d'huiles essentielles de ylang-ylang, de camomille et de santal, en en mettant quelques gouttes dans un diffuseur électrique.

Que faire en cas de stress de mon chat ?

Il faut pouvoir reconnaître les causes de stress chez le chat. Un nouvel enfant ou un nouvel animal a-t-il fait son apparition dans la maison ? Venez-vous de déménager ? Est-ce que vos enfants ou ceux de vos amis le prennent pour un jouet amusant et l'agacent sans arrêt ? Avez-vous changé sa litière de place, ou changé de sable et celui-ci ne lui convient pas ? Etes-vous plus longtemps absent qu'avant ? Avez-vous laissé votre chat chez des connaissances pendant plusieurs jours ? Ou encore êtes-vous vous-même dans un état de santé non optimum ou avec un moral dans les chaussettes ? Ou à l'inverse, recevez-vous de plus en plus d'amis chez vous (passages incessants, soirées bruyantes, ...) ?

Une nouvelle disposition des meubles de votre maison peut de même jouer sur la stabilité de votre chat. Il la considère comme un véritable déménagement.

Le chat est très sensible à tous ces changements, et la liste peut encore s'allonger. Sa façon de réagir est de miauler ou de ronronner excessivement, ou alors d'uriner et de déféquer à divers endroits visibles dans la maison de façon à attirer votre attention sur son désarroi. Il ne mange plus ou presque plus, et ne le fait plus en votre présence. Il perd sa curiosité et reste prostré dans un coin. Ou bien il réagit agressivement lorsque vous l'approchez.

Il est important de détecter ces signes et de les interpréter comme autant de signaux d'alerte d'un mal-être et non comme un caprice de votre petit félin.

Certaines actions très simples peuvent être entreprises pour minimiser les impacts sur son affect. Une fois la cause détectée, il suffit de reprendre les anciennes habitudes, puis en cas de changement indispensable (comme un déménagement ou l'arrivée d'un petit nouveau), d'y aller par étapes, de façon douce et progressive.

En cas de déménagement, votre chat va perdre ses repères et il aura besoin d'être sécurisé. Dès que les valises ou cartons sont sortis, notre chat sent qu'il y a du changement dans l'air et il se peut même qu'il aille se cacher sous le divan, avec l'espoir insensé qu'on va peut-être l'oublier et qu'il pourra rester dans son premier foyer. Le chapitre « Des bouleversements dans la maison, un déménagement en vue ? » vous aide à préparer au mieux le changement de foyer pour votre chat.

Lorsque vous ramenez à la maison comme nouveau locataire un chaton, l'ancien maître des lieux ne verra pas forcément d'un bon oeil celui qui risque de lui ravir la vedette et d'obtenir l'attention de tout le monde à sa place. Il peut devenir anxieux et il est important de le rassurer et d'y aller, là encore, progressivement.

Comme lors d'un emménagement, laissez le chaton quelques heures dans sa caisse ou son panier fermé, le temps que l'ancien matou vienne le renifler sans se sentir envahi, puis aménagez une seule pièce qui sera dédiée au nouveau venu pour les deux à trois jours qui suivent. Puis, sous surveillance, laissez-lui découvrir les autres pièces, toujours par étapes, quelques heures par jour.

Votre premier chat se mettra probablement à cracher et à essayer de donner des coups de patte, et c'est dans l'ordre des choses. Le mieux est de les laisser s'affronter, cela ne devrait pas durer très longtemps. Il ne faut pas non plus que leurs provocations tournent au pugilat au point qu'ils se blessent sérieusement ! La nuit, enfermez à nouveau le chaton dans sa pièce pour que l'adulte puisse être rasséréné et redépose ses odeurs dans le reste de la maison.

Lorsque enfin ils vivront ensemble, guettez si le premier chat montre des signes d'anxiété ou non. Si c'est le cas, réservez-lui une pièce qui sera son fief et où le chaton aura interdiction d'entrer (pour ne pas laisser ses odeurs). Ainsi le premier chat pourra se reposer sans avoir guetter à toute minute les allers et venues du chaton, et il sera satisfait et tranquille d'avoir ce territoire lui étant uniquement réservé.

10e partie : Les affections du chat

Quelles sont les principales maladies du chat ?

Même s'il n'est pas agréable d'y penser et de le vivre, il est important de parler de ces maladies qui affectent les chats, afin de pouvoir reconnaître leurs symptômes et agir au plus vite :

Le nez du chat est naturellement humide et froid. S'il est sec, il faut détecter la source du problème : infection ? maladie ?

Prendre la température d'un chat est un véritable défi. Celle-ci, en temps normal, varie entre 37,5° et 38,5°. Aussi, si vous n'arrivez pas à calmer suffisamment votre chat pour lui prendre une température rectale, placez votre main sur l'intérieur de ses cuisses. Si elles vous semblent trop chaudes, votre chat a probablement de la fièvre. Inspectez alors son comportement : a-t-il changé ses habitudes ? Cherche-t-il le froid alors qu'il est plutôt frileux en temps ordinaire ? A-t-il un dérèglement intestinal ? Si la fièvre, après un traitement de base, persiste, il faut suspecter une infection et consulter au plus vite.

Si votre chat maigrit alors qu'il a un appétit féroce, s'il perd ses poils de façon anormale et que ses excréments sont décolorés, il est possible qu'il ait un dérèglement du pancréas. Il faut évidemment consulter un vétérinaire pour avoir une confirmation du diagnostic et un traitement adapté.

Le coryza (maladie infectieuse des voies respiratoires provoquée par un virus, couramment appelée rhume) peut avoir de graves conséquences chez le chat. Si vous le voyez éternuer, n'assimilez pas ceci à un banal refroidissement comme pour les humains et prenez rapidement rendez-vous avec votre vétérinaire.

Le rhume se déclare de la manière suivante : le chat éternue, rejetant parfois un mucus épais et jaunâtre, il salive abondamment et ses yeux coulent. En quelques jours sa température augmente, il déclare des lésions buccales, la diarrhée apparaît, provoquant une déshydratation qui peut aboutir à la mort.

La toxocarose (maladie développée par des vers ronds existant à l'intérieur des intestins) peut infecter les humains lorsque les vers sont au stade larvaire. Cette maladie est moins dangereuse chez les chats que son infection voisine touchant les chiens, mais il n'en demeure pas moins qu'elle doit être traitée rapidement.

La toxoplasmose est provoquée par un parasite qui prend le chat pour hôte définitif, même s'il existe des hôtes « intermédiaires ». Le chat propage les parasites au stade infectieux par les selles ; le parasite peut être transmis au foetus et provoquer des lésions oculaires ou nerveuses. C'est pourquoi une femme enceinte ne doit jamais toucher à la litière du chat, ni à la terre où il a fait ses besoins. Un chat qui a la toxoplasmose reste contagieux pendant deux semaines environ. La maladie n'est pas mortelle en général. Les symptômes aigus sont la fièvre, une enflure des ganglions, des signes neurologiques. Parfois le chat ne présente aucun symptôme et seuls des examens approfondis détecteront la maladie. La prévention de cette maladie serait de ne pas donner de viande crue à votre chat mais de toujours la faire légèrement griller.

Il n'est en revanche pas nécessaire pour la femme de se séparer pendant sa grossesse de son petit animal si celui-ci n'a pas accès à l'extérieur et s'il ne mange pas de viande crue. Il suffit simplement de confier la tâche du nettoyage de la litière à quelqu'un d'autre et de ne pas toucher des chats dont on ne connaît pas les habitudes alimentaires.

Autre maladie tristement célèbre, le PIF est la péritonite infectieuse féline. Il n'existe malheureusement pas de vaccin contre elle. Elle est contagieuse pour la gente féline et mortelle chez les chats atteints par ce virus. Ses symptômes sont multiples. Le plus visible est la couleur des yeux du chat qui virent au rouge foncé.

La teigne fait partie des maladies communément rencontrées chez le chat, plus particulièrement chez celui vivant en extérieur. Elle est due à la prolifération dans le poil et sous la peau de l'animal, de champignons microscopiques. Il est important de bien désinfecter tout ce qui est entré en contact avec l'animal contaminé car la teigne est très contagieuse. Celle-ci se manifeste sous la forme d'une pelade de un à plusieurs centimètres - le plus souvent localisée sur le dos et vers la tête - de croûtes ou de lésions au niveau des griffes. La teigne ne provoque pas de démangeaisons. Son traitement est long, à la fois local et oral. Tous les animaux vivant avec le chat contaminé doivent être traités, qu'ils soient porteurs ou non de la teigne. La désinfection de l'environnement et des objets qui ont été en contact avec le chat atteint est primordiale, les spores de la teigne pouvant vivre jusqu'à un an.

Ne pensez pas que l'allopathie soit la seule médecine qui puisse être administrée ; il existe – pour les chats comme pour les humains – des traitements homéopathiques ou même phytothérapiques qui ont un pouvoir guérissant et l'avantage de ne pas provoquer d'effets secondaires ou d'intoxication. Les dosages sont bien sûr importants et doivent être précis pour obtenir un résultat optimum et ne pas risquer l'apparition d'une allergie – plutôt rare néanmoins.

Certains traitements en revanche, contre l'épilepsie par exemple, ne doivent pas être simplement abandonnés au profit de l'homéopathie. Demandez conseil à un homéopathe, ou mieux encore, un vétérinaire homéopathe (oui, ils ne courent pas encore les rues, mais les adeptes des médecines naturelles ont peut-être leur réseau de connaissances dans le domaine ?)

Le docteur Peker[10] vétérinaire homéopathique diplômée de l'Ecole Vétérinaire de Maisons-Alfort et de la faculté de médecine de Paris, a écrit un livre entièrement dédié aux médecines naturelles pour les chats dans lequel vous pourrez trouver des remèdes homéopathiques tant pour les désordres physiques que psychologiques de votre petit animal.

La tumeur est un autre dérèglement du corps chez le chat, surtout chez la femelle, où elle peut se déclarer sur les mamelles. Certains vétérinaires s'accordent à dire qu'une femelle qui n'a jamais eu de petits et qui n'a pas subi d'ovariectomie (ablation des ovaires) développe plus facilement une tumeur à cet endroit. Est-ce parce que, ne pouvant obéir aux lois de la nature en matière de continuation de la race féline malgré les appels de son

---

[10] Jacqueline Peker : Soignez votre chat par les médecines naturelles. Editions Robert Laffont.

corps – la chatte se sent 'inutile' à sa lignée ? Chez les humains, le cancer peut apparaître à la suite de grands bouleversements dans la vie de la personne, après une grande perte ou après un échec à vivre une vie qui avait été rêvée durant tant d'années. En est-il de même pour le chat ? Dans le doute, il vaut mieux veiller à ce que votre chatte ait de quoi pleinement satisfaire son besoin de materner, ou à ce qu'elle trouve suffisamment de jeux qui vaillent la peine de continuer.

L'ablation d'une tumeur n'exclut malheureusement pas une possible réminiscence de la maladie. Celle-ci peut être grandement repoussée si vous faites opérer votre chat avant la formation de métastases. Toute la difficulté provient du temps qui se sera écoulé entre la formation de la tumeur et sa découverte, car les symptômes sont visibles parfois longtemps après que la maladie se soit déclarée. Des examens périodiques complétés d'une prise de sang permettront de détecter une anomalie avant que vous ne la constatiez sur le corps de votre chat. Demandez l'avis de votre vétérinaire pour savoir à partir de quel âge les risques méritent que vous y portiez davantage votre attention. Mais dans tous les cas, au moindre changement de comportement chez votre chat, interrogez-vous sur les raisons de ce bouleversement. Peut-être est-ce simplement dû à quelque phénomène extérieur passager, mais peut-être a-t-il les premiers signes d'une maladie qu'il faut soigner au plus vite. Ne tombez pas non plus dans l'obsession, un chat est quand même rarement malade.

Il est parfois difficile de se rendre compte que son chat ne va pas bien, car il ne vient pas se plaindre et cherche plutôt à se cacher le plus clair de son temps sous un lit ou une armoire. Et une fois les symptômes apparents, la maladie a déjà évolué. Donc ne prenez pas à la légère la soudaine envie de votre chat de disparaître de votre vue la journée entière, et si ce comportement se répète le jour suivant emmenez-le sans attendre chez le vétérinaire pour un petit bilan de santé.

Les personnes ne pouvant assumer les frais — relativement élevés — d'une opération ou d'examens médicaux de leur chat, peuvent aller dans un dispensaire vétérinaire ou à l'Ecole Vétérinaire. Les sociétés de défense des animaux soignent gratuitement les animaux des personnes en difficulté financière.

Que faire en cas d'accident ?

Votre chat est du style bagarreur ? Vous pourrez nettoyer ses petites blessures et les piqûres d'insectes avec de l'eau tiède salée, après avoir coupé les poils autour de la plaie. Inspectez bien son corps à la recherche d'éventuelles plaies qui pourraient se transformer en abcès si elles n'étaient pas soignées.

Si en revanche il vous revient avec visiblement une fracture de la patte ou du bassin, évitez autant que faire se peut de bouger la zone concernée. Ne cherchez pas à immobiliser vous-même le membre, vous pourriez en aggraver l'état. Laissez votre chat choisir sa position, c'est pour lui celle qui lui fait le moins mal. Appelez bien sûr votre vétérinaire.

Si votre chat a fait une chute, surveillez-le durant les trois à quatre jours qui suivent les premiers soins, car une lésion interne ne se déclare pas dans l'immédiat et pourrait lui être fatale. Faites particulièrement attention à ses selles et ses urines, elles ne doivent pas contenir de sang. Si c'est le cas, allez d'urgence avec lui chez le vétérinaire ou dans une clinique pour animaux.

Lorsque vous voyez un chat qui a été renversé par une voiture, agissez vite mais pas n'importe comment. Vérifiez d'abord si la colonne vertébrale est atteinte ou non. Si le chat est conscient mais qu'il ne peut plus bouger, ne le déplacez pas, ne bougez aucun de ses membres et appelez les secours.

Si jamais il vous fallait néanmoins absolument bouger le chat de place (car il est au milieu de la route par exemple), la première chose à faire est de vous assurer que vous ne vous ferez pas écraser vous aussi.

Posez assez loin en amont de la route un triangle de présignalisation si vous en avez un, ou tout autre gros objet voyant qui fera ralentir une éventuelle automobile. Puis retournez voir le chat et déplacez-le avec précaution, en veillant à ce que son corps reste bien à plat et sa colonne bien droite.

Placez vos mains sous la poitrine et le bassin du chat pour le soulever, ou mieux, glissez-le sur une planche ou un grand pan de carton, en évitant le plus possible les mouvements du corps. Posez-le à un endroit sûr et prévenez aussitôt un vétérinaire ou un dispensaire pour animaux, pour des radios et les soins appropriés. En attendant, gardez le chat au chaud (25 à 30°) et au calme, et proposez-lui de l'eau en petites quantités, sans le forcer. Ne prenez pas l'initiative de lui donner un médicament.

Si votre chat a avalé un produit dangereux (comme un produit d'entretien ou certains médicaments), ne cherchez pas à le faire vomir, ni à lui donner du lait à boire, mais téléphonez aussitôt à votre vétérinaire ou à un centre anti-poison, en ayant le flacon du produit à portée de main pour pouvoir décrire la nature du produit. Ils vous renseigneront sur les premiers gestes à avoir avant d'emmener d'urgence votre chat pour que lui soit administré un antidote. Attention : pour chaque produit toxique existe un remède différent. Ne mélangez donc pas les procédures et suivez attentivement les directives qui vous seront données. Attention, l'aspirine est une substance mortelle pour les chats.

Les symptômes permettant de détecter un empoisonnement sont clairement identifiables : de la bave s'écoulant des babines, des vomissements, des convulsions pouvant aller jusqu'à la perte de connaissance.

Comment aider un chat à retrouver son tonus et sa vigueur (après une opération, etc.) ?

Un chat après une opération ou une maladie importante va sembler relativement amorphe et passer une bonne partie de son temps à dormir. Vous pouvez accélérer sa remise en forme en le touchant et en lui massant légèrement différentes parties du corps (ne massez pas les endroits douloureux, contentez-vous de les toucher sans mettre de force). Il suffit d'arrêter lorsque votre chat se réveille soudain de sa léthargie.

Souvent les flux sanguins et nerveux ne circulent plus ou mal dans les zones du corps qui ont souffert, les évitant, car les cellules gardent une « mémoire » de la douleur. En touchant ces endroits-là et d'autres du corps (évitez les zones sexuelles), le contact rétablit la circulation et le corps peut alors accomplir entièrement ses fonctions de réparation.

Le docteur Peker donne en outre dans son livre[11] des conseils homéopathiques pour un bon rétablissement de votre chat.

---

[11] Jacqueline Peker : Soignez votre chat par les médecines naturelles. Editions Robert Laffont.

Comment rebooster un chat atone ?

Vous pouvez rendre sa confiance en lui à un chat devenu apathique en mimant devant lui la peur. Placez-vous à sa hauteur, à quatre pattes, avancez doucement vers lui, comme craintivement, puis retirez-vous brusquement. Avancez-vous à nouveau, et reculez en imitant une grande peur (il ne faut pas faire de grands gestes, mais imiter un animal qui aurait peur devant le chat impressionnant qu'il a en face de lui). Faites cela plusieurs fois, jusqu'à ce que l'apathie laisse la place à un léger intérêt, puis à la curiosité, et enfin à une confiance en lui qui se traduira par une avancée de sa part, le chat voulant tester jusqu'à quel point il a un effet sur vous. Lorsque vous le sentirez suffisamment hardi pour commencer un jeu, surtout ne l'en privez pas et titillez son esprit de chasse avec une souris en peluche, une boule de laine, n'importe quel objet que vous pourrez tirer avec une ficelle et qui suscitera des courses et des bonds à travers toute la maison. N'hésitez pas à réitérer l'expérience plusieurs jours de suite, et votre chat retrouvera tout son allant.

11e partie : Les années passent ...

Mon chat est maintenant vieux : que puis-je faire pour son confort aujourd'hui ?

Un chat commence à devenir vieux à partir de ses 12-14 ans. Sa moyenne de vie est de 16 ou 17 ans, mais certains chats peuvent vivre jusqu'à plus de 20 ans, avec un record – difficile à battre, il est vrai – de 34 ans ! Mais la vieillesse s'installant, les réflexes sont plus lents, les sauts moins bien calculés, la durée de sommeil s'allonge et la toilette se fait moins fréquente. La vue de nos petits compagnons s'affaiblit. La pupille de leurs yeux apparaît alors blanchâtre ou bleutée. Cette « cataracte sénile » amoindrit la qualité de la vision en diminuant peu à peu la transparence de l'oeil.

En prenant de l'âge, l'oreille devient moins sensible, le corps plus difficile à déplacer. Notre chat est moins sûr des distances, devient moins hardi à se lancer dans de longs bonds pour atteindre le haut de l'armoire ou la mezzanine. Il n'est pas paresseux mais sentant ses faiblesses, il préfère rester sage plutôt que de devoir supporter l'humiliation de rater un saut.

Il faut savoir qu'un chat ne se lancera jamais sans être parfaitement sûr de réussir son saut. Il vérifie le sens du vent ainsi qu'une multitude de paramètres et calcule le moment exact et l'effort exact pour arriver à son but. S'il manque son saut ou rate sa proie, il « saura » que maintenant il est vieux et se comportera comme tel. Il peut même développer une déprime. Ce ne sont pas des sentiments humains mais plutôt une écriture programmée dans ses gènes à laquelle il obéit. Pour cette même raison, n'avortez pas le saut d'un chat au moment où il est prêt à bondir, ou alors arrangez-vous pour lui faire réussir le suivant.

Votre chat maintenant très âgé peut avoir du mal à se déplacer jusqu'à sa litière, probablement à cause de douleurs aux articulations. Ne la changez pourtant pas de place car il pourrait perdre ses repères et faire ses besoins ailleurs. Amenez-le plutôt jusqu'au bac lorsque vous voyez qu'il a décidé d'y aller.

Il se peut aussi qu'il ait plus de difficultés à contrôler ses sphincters et s'oublie sur le sol ou sur votre lit. Surtout ne le grondez pas pour cela ; rappelez- vous qu'à sa première année de naissance, il a déjà 16 ans de nos années, à deux ans, il en a en fait 22, puis la proportion augmente de 4 ans environ pour chacune de ses années de vie. Cela vaut bien un peu de compréhension !

Il aura peut-être du mal à faire sa toilette ; il vous sera reconnaissant de prendre le relais, mais ne la poussez pas jusqu'au point où elle soit éprouvante pour votre compagnon. Ajoutez de l'huile de foie de morue ou des morceaux de beurre dans son alimentation, pour lui apporter de la vitamine D et redonner de l'éclat à sa fourrure.

Vous pouvez l'aider considérablement en réaménageant son espace de façon à ce qu'il ait moins besoin de grimper en hauteur pour aller se reposer. Et puis Matou a besoin de plus de chaleur maintenant. Il est devenu frileux et il se lovera volontiers dans un panier chauffant, à l'abri des courants d'air.

Ne nourrissez pas un chat âgé comme un chaton ou même un chat adulte. Votre vieux matou a besoin de moins de protéines, mais d'une nourriture de meilleure qualité. Beaucoup de vétérinaires s'accordent à dire que les croquettes achetées en magasins spécialisés (ou à leur cabinet) leur conviennent davantage et facilitent la digestion.

Vous pouvez gâter votre chat maintenant avancé en âge, mais pas avec n'importe quoi. Son odorat et son goût s'étant détériorés avec les années, il faudra réchauffer un peu la nourriture pour en dégager le fumet (si vous décidez de le nourrir autrement qu'avec des croquettes, ou simplement si vous avez envie de lui faire plaisir de temps en temps), varier les menus, pourquoi pas lui donner une eau minérale à boire, et lui laisser parfois lécher le fond de fromage blanc dans votre bol ou attraper le bout de gruyère qui attend dans votre assiette. Le tout est de ne pas lui donner une alimentation trop riche en protéines de façon systématique, car un vieux chat a une digestion plus lente et un transit intestinal moins performant.

L'huile de paraffine peut être une bonne solution pour un chat qui a des problèmes d'intestins paresseux. Si vous arrivez à la lui faire avaler.

Le chat d'un grand âge aura souvent des problèmes de dents ou de gencives. Cela se traduira par une perte d'appétit ou le refus de se nourrir. Vous pouvez dans ce cas-là lui présenter la nourriture dans votre main. Le chat accepte volontiers ce que vous lui donnez avec vos doigts (il reconnaît ainsi votre odeur et donc se sent sécurisé) alors qu'il n'y toucherait même pas dans sa gamelle.

Si des dents ont besoin d'être extraites, emmenez votre chat chez le vétérinaire sans tarder. Mais ayez en tête qu'une anesthésie générale est bien plus risquée chez un vieux chat.

C'est pourquoi il vaut mieux s'être occupé de sa santé buccale depuis son plus jeune âge. En attendant, des bouchées molles seront avalées plus facilement que des bouillies.

Si votre animal augmente soudain sa consommation d'eau, c'est le signe que quelque chose ne va pas. Consultez un vétérinaire car les causes peuvent être multiples, bien qu'à cet âge ce changement d'habitude soit souvent dû à une insuffisance rénale – qui peut lui être fatale. L'insuffisance rénale s'accompagne d'une perte de poids et dans la phase ultime de la maladie, le chat a une mauvaise haleine, des ulcères buccaux, et vomit ce qu'il ingurgite.

Des analyses de sang permettront de diagnostiquer précisément la cause de cette soif excessive et d'entreprendre des actions pour soulager votre chat et prolonger sa vie d'autant.

Evitez maintenant les voyages, il n'aimera plus trop les changements d'habitudes et de lieux, les transports pouvant être pour lui source de douleurs articulaires. Ce n'est pas non plus le moment d'introduire un nouveau chaton dans la maison, dont la vitalité et la maladresse fatigueront beaucoup votre vieux matou et pourraient générer de l'anxiété.

N'oubliez pas les câlins, votre chat en a besoin encore plus qu'avant ! Dorlotez-le, parlez-lui souvent, caressez-le autant qu'il en a envie, ce sont des moments précieux dont vous vous souviendrez toute votre vie.

Voici ci-dessous un petit tableau qui vous donne les correspondances approximatives entre les années de vie d'un chat et celles d'un adulte (« Quoi !? Avec sa frimousse de chaton, il a déjà 66 ans ! »). Voilà qui vous fera relativiser en face de ses 'caprices', car vous vous demanderez : « Est-ce que moi aussi je n'aurai pas envie d'égards lorsque je serai vieux ? ».

Années chat	1	2	3	4	5	6	7	8	9	10	11
Années humain	16	22	26	30	34	38	42	46	50	54	58

Années chat	12	13	14	15	16	17	18	19	20
Années humain	62	66	70	74	80	84	88	95	100

Envisager l'euthanasie ? Comment éviter qu'il souffre trop ?

Le souhait le plus cher du maître est que son chat meure de vieillesse, paisiblement, dans son sommeil. Il est trop pénible d'être celui qui abrègera sa vie et c'est une décision terrible à prendre. Malheureusement, la maladie vient souvent compliquer les choses, avec son lot de douleurs.

Que l'on soit pour ou contre l'euthanasie, il convient de se poser la question suivante : jusqu'à quand vais-je laisser souffrir mon chat ? La réponse vous dira ce que vous devez faire.

Lorsqu'un chat n'arrive plus à se mouvoir à cause de la maladie, s'oublie toute la journée parce qu'il ne contrôle plus sa vessie et ses sphincters, lorsque la douleur lui fait pousser des miaulements aigus, on ne peut que souhaiter qu'il s'en aille le plus vite possible pour que soit abrégée cette souffrance qu'il ne comprend pas. Il a en tous cas besoin de vous plus qu'à aucun autre moment, de votre voix rassurante, de vos caresses et de vos soins.

Si vous envisagez une euthanasie pour lui, parlez-en à votre vétérinaire, qui saura vous dire selon les symptômes de la maladie et le comportement de votre chat si vous pouvez le soulager par des soins ou si au contraire il vaut mieux ne pas trop tarder à mettre un terme à sa vie.

Sachez que si vous voulez préserver la quiétude de votre chat jusqu'au bout, vous pouvez demander à votre vétérinaire de venir chez vous lui faire l'ultime piqûre. Votre chat n'aura pas ainsi à subir le stress d'un dernier voyage pour un endroit qu'il n'aime pas particulièrement et qui lui fait peur ; il sera au contraire dans l'environnement qu'il préfère, entouré des humains qu'il aime.

La piqûre qui est administrée contient une forte dose de barbituriques (utilisés couramment pour les anesthésies), qui endormira le chat de plus en plus profondément jusqu'à arrêter sa respiration puis son rythme cardiaque. Il ne sentira rien et partira paisiblement. Le léger sursaut qui peut parfois se manifester vers la fin n'est qu'un réflexe musculaire et en aucun cas une réaction de souffrance de la part du chat.

Vous pouvez ou non assister à ses dernières minutes, le choix vous revient et il sera respecté.

Vous pourrez confier le corps de votre chat au vétérinaire qui se chargera soit de l'incinérer, soit de l'enterrer. Il est possible également d'obtenir les cendres de votre animal, et si vous souhaitez une demeure pour lui que vous viendrez visiter de temps en temps, il existe une quinzaine de cimetières pour animaux en France, souvent créés par des associations de protection des animaux. Les budgets varient selon le mode que vous aurez choisi.

Si vous avez décidé d'enterrer votre chat dans votre jardin, il faut que vous soyez propriétaire du terrain. Vous devrez creuser une tombe de 1,20m de profondeur, à au moins 35 mètres de toute habitation ou point d'eau, et devrez recouvrir le corps de chaux vive avant de combler le trou. Pensez à protéger la tombe des éventuels animaux qui pourraient venir gratter la terre. La mairie de votre domicile saura vous renseigner précisément sur la réglementation spécifique à votre localité.

Puis Il faudra vous occuper de vous, car la peine pourra sembler insurmontable, et l'important est que vous ayez des épaules sur lesquelles pleurer. La plupart des gens qui ont perdu un ou plusieurs chats disent que le meilleur remède à cette douleur est de reprendre très vite un autre matou. Alors n'hésitez pas, vous ferez au moins deux heureux.

12e partie : Bêtes à concours

A quoi servent les concours ?

Les concours sont importants pour les éleveurs, car un titre de champion ou de grand champion donné à un de leurs reproducteurs ou une de leurs chattes augmentera plus que tout autre critère leur valeur marchande. Les chatons nés de ces champions profiteront de la même notoriété.

Les concours sont en outre un endroit parfait pour rencontrer d'autres amoureux des chats, échanger des conseils, acheter la dernière nouveauté en matière de jouets, couffin, etc., et s'émerveiller de tous ces chats exposés ... qui nous regardent d'un air blasé.

Ces manifestations sont organisées par des associations félines telles que, en France, la FFF (Fédération féline française), la FIFe (Fédération internationale féline), l'UNAF (Union nationale des associations félines). En dernière partie du livre, vous trouverez les adresses de ces associations, ainsi que d'autres.

Pour participer à un concours, vous devez adhérer à une association et votre chat doit être inscrit au LOOF. Si vous ne pouvez prouver les origines de votre petit animal, vous ne pouvez le faire participer qu'après l'avoir inscrit au Registre expérimental RIEX et après un avis favorable de deux juges sur le lieu de l'exposition (voir le chapitre suivant pour plus de détails). Votre chat concourra alors en classe « novice ». Il existe également des concours de chats de maison réservés aux animaux sans pedigree.

Comment préparer mon chat à un concours ?

Si votre chat est à pedigree, vous pouvez l'inscrire au Livre Officiel des Origines Félines (le LOOF) ou Livre d'Origines de la Fédération Féline Française (la FFF). Cette Fédération est affiliée à la Fédération Internationale Féline d'Europe (FIFe). Il pourra figurer dans le livre si ses parents y sont depuis au moins trois générations. Et il faut bien sûr être membre fédéré.

Un chat qui n'a pas encore le droit d'y accéder peut être inscrit sur le Registre initial et expérimental (RIEX), sorte de livre d'attente ; ainsi son représentant de la troisième génération sera examiné par des juges habilités par le LOOF ou lors d'expositions et pourra alors intégrer le fameux Livre des origines. Le RIEX est réservé à l'inscription de la descendance de deux chats de races différentes et dont l'union n'est pas prévue dans la liste des mariages autorisés par le LOOF[12].

Depuis 2005, le RIA8 (Registre d'inscription au titre de l'apparence) permet l'enregistrement de la descendance des chats non inscrits en tant que chat de race dans un livre reconnu par le Ministère de l'Agriculture. Les modalités d'inscription au RIA sont très strictes, mais maintenant les chatons de deuxième, troisième et quatrième génération pourront se voir attribuer un pedigree RIA. En effet, ce n'est qu'à la quatrième génération que la descendance pourra être inscrite au Livre Officiel, au titre de chat de la race qu'elle représente.

Enfin le RF (Registre de filiation) est destiné à enregistrer la généalogie de chats participant à l'élaboration de nouvelles

---

12 Règlement du LOOF, protocole de RIA, RIEX et RF, avril 2005 corrigé en mai 2005

races9, bien que son enregistrement ne garantisse pas une inscription future au Livre Officiel.

De même que pour la saillie, la naissance de chatons de race nécessite quelques formalités supplémentaires : le propriétaire du mâle vous aura remis une déclaration de saillie (si vous avez une chatte), indiquant la date de l'accouplement. Après la mise bas, vous devrez envoyer l'original du formulaire de déclaration de saillie et naissance (téléchargement sur le site loof.fr) au LOOF, impérativement dans les trente jours suivant la naissance des chatons. C'est la première étape pour une demande de pedigree.

Puis la portée fait l'objet d'une demande de pedigree au LOOF via un formulaire, dans les six mois suivant la naissance. Y sera noté le nombre de chatons, leur sexe et leurs couleurs (robe et yeux). Les pedigrees seront alors déclarés pour ces chatons.

En France, le nom d'un chat à pedigree commence toujours par la lettre de l'alphabet correspondant à son année de naissance (chaque année, la lettre change). Cette coutume est peu suivie dans les pays étrangers.

Un pedigree atteste donc de la race, de la couleur, du sexe et de la date de naissance du chaton, et donne un numéro unique identifiant. Le nom du chaton est suivi du nom de l'élevage de la mère (exemple : Hector du domaine des xxxx). Vous devez également obtenir de la part de l'élevage en question un arbre généalogique du chaton sur quatre générations.

Le pedigree est reconnu à l'exportation, et son numéro doit être signalé lors d'expositions ou de concours.

L'idéal est de toiletter votre chat environ huit jours avant l'exposition, car le bain retire l'éclat de son poil. Il n'est évidemment pas facile de le garder propre ensuite jusqu'au jour dit. Si vous utilisez de la poudre pour le nettoyer, tel du talc, la plupart des règlements exigent qu'il n'en reste aucune trace. De même, il est demandé pour certains concours de couper l'extrémité des griffes de votre chat. Renseignez-vous exactement sur les critères imposés par les juges afin de ne pas être disqualifié(e) pour une règle dont vous n'aviez pas eu connaissance. La veille du concours, nettoyez délicatement les yeux, les oreilles et le nez de votre chat avec un linge humide et lissez son poil avec une chamoisine.

Attention : dans les concours spécialement destinés à nos compagnons sans pedigree, les critères de sélection sont aussi sévères que dans les autres ! Mais l'ambiance est conviviale et les enjeux ne sont pas les mêmes. Vous trouverez tous les renseignements à ce sujet dans les pages d'Internet.

Le jour J de l'exposition ou du concours, emmenez avec vous, outre les papiers officiels de votre chat (incluant sa carte d'identification avec son numéro de puce électronique, obligatoire dans tout concours), un petit ventilateur de poche (pour les grandes chaleurs) et une couverture suffisamment chaude en cas de problèmes de chauffage ou de climatisation trop forte. Au-delà de l'attirail propre au concours (brosses, peignes, cotons-tiges, peau de chamois, ...), accrochez à votre cage de petites jalousies à mi- barreaux qui sécuriseront votre chat sans empêcher toutefois les visiteurs de l'admirer. Pensez à ses jouets, à suffisamment de nourriture (n'oubliez pas l'ouvre-boîte) et surtout d'eau, et à un vaporisateur d'eau qui, sans écraser le poil de la robe de votre chat, lui permettra de s'hydrater. Un petit bac avec de la litière (à présenter plusieurs fois par jour à votre petit félin) ne sera pas de trop. La litière est vendue sur le lieu des expositions en général, et il existe une litière constituée de cristaux de silice translucides à haut pouvoir d'absorption des liquides et des odeurs. Votre chat ne risque pas ainsi de salir sa robe avec des grains de sable.

Ne laissez pas votre chat longtemps dans sa cage sans surveillance. J'ai vu il y a quelques temps, à une exposition de chats de race, un nombre important de ces pauvres bêtes qui haletaient, la gueule grande ouverte et visiblement en état de déshydratation, alors que leur maître était parti faire la causette un peu plus loin. Et par pitié soyez charitable, si vous voyez un autre chat que le vôtre dans cet état, sans maître alentours, occupez-vous en. Qu'importe les récriminations de la dite personne, vous pouvez invoquer la non-assistance à animaux en danger et la SPA. Il est totalement inconscient de laisser un animal dans de telles conditions de mal-être. J'avoue m'être occupée moi-même de l'un de ces chats, voyant que personne ne voulait en prendre la responsabilité.

Lorsque vous emmenez votre chat dans un concours, qu'il soit votre chat domestique ou un chat d'élevage, rappelez-vous qu'il est avant tout un animal envers lequel vous êtes engagé, un être vivant, pas un objet de foire. Il a le droit à autant — sinon plus — d'attention de votre part étant donné qu'il est dans un endroit qui peut être perturbant pour lui. Votre chat ne va pas forcément aimer rester dans une cage la majeure partie de la journée, au milieu du bruit et de la foule.

Renseignez-vous déjà sur les conditions matérielles de cette exposition : l'endroit est-il suffisamment aéré et climatisé, y a-t-il de bonnes conditions d'hygiène, aurez-vous un emplacement suffisamment important pour pouvoir y installer une cage de dimensions adéquates pour votre chat ? (Il a besoin d'un minimum de longueur pour pouvoir s'étirer et se dégourdir les pattes). Veillez avant tout à son confort, et offrez-lui ensuite une soirée calme.

Quels sont les lieux de concours ?

Certains grands concours ont lieu tous les ans au même endroit, et d'autres un peu partout en France et à l'étranger. Ils ne durent qu'une journée la plupart du temps.

Il faut pouvoir connaître les dates et les lieux suffisamment à l'avance pour avoir le temps de préparer votre petit animal et choisir l'exposition qui se donnera le plus près de chez vous (à moins que la distance ne vous effraye pas). Internet là encore vous facilitera la vie. Vous pourrez également trouver ces informations sur les forums dédiés aux chats ou vous renseigner auprès de chatteries.

Rappelez-vous que l'identification par puce électronique et la vaccination de votre chat sont obligatoires pour tous les concours.

Concours sur Internet ?

La tendance s'est développée depuis plusieurs années : des concours du plus beau chat fleurissent sur Internet, affichant les gagnants chaque semaine ou chaque mois. Ici, pas de critères de sélection autres que la grâce et la majesté, ou le côté attendrissant du chat.

Il n'y a rien à gagner, sinon la photo de votre matou sur le site en question et une bonne dose de fierté en pensant que des centaines d'internautes l'admirent en même temps. Ces sites sont l'occasion de prodiguer des conseils, d'apporter du réconfort, de témoigner de ses expériences. C'est très gratifiant pour les maîtres, qui montrent dans ces pages un total et inconditionnel amour envers leurs chats. Visiblement, les chats sont amateurs !

13e partie : Un peu d'histoire...

Quelle est l'histoire de mon chat à travers les âges ?

Le mot 'chat' a fait son apparition dans le langage à partir du XIIe siècle. Avant cette époque, il était appelé 'Cattus' (mot latin). Les Romains le nommait 'Felis' (sans doute dérivé de Feles, qui signifie voleur, chapardeur). On l'appelle 'Cat' en Angleterre, 'Gato' en Espagne et en Italie, 'Katze' en Allemagne.

Le chat a toujours été un animal fascinant pour bien des peuples, symbole de la liberté et de l'indépendance et représentatif de l'esprit rebelle qui habite chacun de nous. Cet animal aurait été domestiqué depuis près de 7000 ans avant notre ère.

On reconnaît son ancêtre dans le miacidé (de même que pour les chiens), ayant existé 50 millions d'années avant notre ère. Le premier félin, il y a 37 à 25 millions d'années en arrière, fut nommé le Proailurus. En regardant cette adorable boule de poils aujourd'hui qui sait si bien nous attendrir, peut-on s'imaginer qu'il fut le fameux tigre aux dents de sabre de nos ancêtres ?!

A partir de cinq millions d'années avant notre ère, la race se divisa en deux familles : les Félinés (petits félins) et les Panthérinés (grands félins).

Tour à tour vénéré et diabolisé, le chat a souvent pris une place prépondérante dans le mysticisme et la religion, les croyances voyant son enveloppe animale comme le réceptacle d'une force divine ou satanique.

De façon plus pragmatique, il servait à chasser les rats véhiculeurs de la peste dans l'Egypte antique. Puis il fut élevé au rang de dieu (Miw ou Myeou), craint et respecté. Il remplaçait les lions devant les temples pour les garder. Quiconque blessait ou tuait un chat était puni de la peine de mort. Un Miw mort était momifié et emmené au temple de la déesse Bastet.

Les Romains se sont ensuite entichés du chat, qui devint dans un premier temps l'hôte des palais des classes aisées. Il fut par la suite adopté par toutes les couches de la population, ce qui assura sa dissémination dans toute l'Europe.

Grand récepteur des énergies cosmiques, son mystère n'a d'égal que sa majesté. Il est témoin d'un grand respect envers sa personne chez les musulmans, ou dans des pays tels que, il n'y a pas si longtemps encore, la Chine.

Le Moyen-âge fut pour lui une époque de terreur, la superstition - alimentée par l'Eglise - voulant que le chat (surtout noir) soit le gardien de l'âme de la sorcière. L'Eglise, dans sa volonté d'évangélisation, voyait d'un mauvais oeil cet animal déifié par les plupart des autres religions païennes. Il lui fallait y mettre un terme, et ainsi les chats furent persécutés - au même titre que leurs maîtres soupçonnés de sorcellerie - et sacrifiés sans autre forme de procès, souvent brûlés vifs.

Dans certaines régions, on pensait que les sorciers et magiciennes avaient le pouvoir de se métamorphoser en chat, notamment le Mardi Gras, pour ainsi rendre grâce à leur Maître maléfique lors de Sabbats. Les femmes étant plus enclines à posséder un chat, elles furent l'objet particulier de persécutions, d'autant que la religion chrétienne accusait le mal de prendre les traits de la féminité.

Le chat fut accusé durant cette terrible période être à l'origine de tous les malheurs frappant les peuples de l'Europe, englobant la famine et la maladie, et il fut pourchassé avec terreur et haine, devenant la victime torturée de la folie meurtrière des humains. Les seuls chats qui étaient épargnés étaient ceux qui avaient une touffe de poils blancs sur leur robe, appelée « doigt de Dieu ».

Lors des fêtes de la St Jean (fête païenne récupérée par l'Eglise), en France, des bûchers ardents accueillaient des centaines de chats dans un feu purificateur. Leurs bourreaux, non contents de les tuer, inventaient mille tortures toutes plus horribles les unes que les autres avant de mettre un terme à la vie de l'animal.

Certaines croyances en vigueur au XVIe siècle avaient pour effet d'ensevelir vivant un chat dans les fondations d'une maison afin de lui en assurer la solidité !

Il fallu attendre le XVIIe siècle et l'ère du romantisme pour que le chat reprenne une place de choix dans les maisons et dans les cœurs. Son caractère fier et indépendant provoque alors l'enthousiasme des aristocrates, des bourgeois et des artistes. L'Anglais ne s'en entichera qu'à partir du XVIIIe siècle. Le Persan devient l'animal noble par excellence.

A partir du XIXe siècle, le chat est devenu un symbole de l'anarchie, de par son comportement indépendant et indiscipliné. Il est aujourd'hui dans la plupart des pays occidentaux le compagnon respecté de nos foyers, tenant une place prépondérante et indispensable à l'équilibre de ses « co-locataires ».

Il n'en est pas de même dans certains pays orientaux. En Asie, plus particulièrement en Chine, le chat était sacré jusqu'à l'avènement de la République Populaire. Les moines en avaient alors la charge et l'animal était associé à une divinité, Li-Shou (un chat blanc à la queue noire et avec une tâche noire sur le front) qui assurait le bonheur et la protection des récoltes agricoles. Lors de la dynastie Song (960-1279), les chats trônaient sur tous les portraits des jeunes nobles chinois.

Avec le régime de Mao, le chat est devenu « celui qui vole la nourriture du peuple » et des hordes d'enfants ont eu pour mission de débarrasser le pays de ces animaux « parasites ». De nos jours, chaque année des milliers de chats sont massacrés pour être servis à manger aux Chinois.

En revanche, l'Islam interdit de tuer les chats, qui sont par ailleurs libres d'entrer dans les mosquées et y trouvent le respect.

Au Japon, le chat a la réputation de porter bonheur. On retrouve des statuettes de l'animal devant des magasins, des restaurants ou même devant des sièges sociaux de banques. S'il a la patte droite levée, il promet le bonheur et la félicité, si c'est la gauche, beaucoup d'argent.

D'où viennent les différentes races ?

L'hypothèse retenue de nos jours est que l'ancêtre du chat domestique à poils courts serait le Felis lybica, chat sauvage africain. Les espèces des chats à poils mi-longs du Moyen-Orient tireraient leurs origines d'autres chats, notamment du Felis silvestris, le chat des bois sauvages, ou plus précisément de sa sous-espèce, le Felis silvestris caucasia. Les diverses mutations naturelles et les sélections artificielles nous ont donné les différentes races que nous accueillons aujourd'hui dans nos maisons.

Les Persans, chats au poil long, émigrèrent de France vers la Grande-Bretagne au XVIIe siècle, où ils furent baptisés « chats français ». Les anglais de la fin du XIXe siècle commencèrent à sélectionner le Persan et à lui donner, à partir de croisements entre des chats angoras venus d'Orient et des chats anglais à poil court, la morphologie qu'on lui connaît aujourd'hui.

Il est issu en fait du croisement entre le British (premier chat de race primé lors de la première exposition féline à Londres) et le chat d'Angora (dont Marie-Antoinette tomba amoureuse et lança la mode en France). La race évolua vers un chat à tête large et corps massif, avec de petites oreilles en triangle équilatéral et une fourrure à très longs poils. La reine Victoria possédant un Persan bleu, toute la bonne société s'était entichée de cet animal à la tête si juvénile. Puis le Persan fit escale aux Etats-Unis et devint la coqueluche des américains, surpassant le magnifique Maine-Coon. Les éleveurs américains à leur tour sélectionnèrent la race et développèrent un Persan à la morphologie plus épatée et à la fourrure plus dense.

Selon la fiche de race de le LOOF, le chat Norvégien, espèce à poils mi-longs, a vraisemblablement été rapporté du Moyen-Orient par les Vikings afin de protéger leurs cargaisons des rongeurs. Il fit rapidement partie de la mythologie scandinave (les chats Norvégiens sont de très grands chats, puissants et semblant détenir le secret des dieux dans leurs yeux, à moins que leur long séjour auprès d'eux soit l'explication de leur air serein et doux !). Ce chat tient une grande place dans le cœur des nordiques.

Leur élevage est pourtant récent et n'a été répertorié – toujours selon le LOOF – qu'à partir de 1930. La race du chat Norvégien a été reconnue par la FIFe en 1976 sous le nom de Skogkatt ('chat des forêts'). En effet, ses longues pattes semblent faites pour trotter dans les hautes herbes de la forêt ou dans les profondeurs neigeuses, et sa fourrure abondante est taillée sur mesure pour les grands froids (jusqu'à un certain point).

Le chat Norvégien est un chat qui sait jouer sans user de sa grande force, qu'il adapte à son adversaire de jeu. Il est un animal doux et calme. Il peut vivre en appartement bien qu'étant davantage un chat d'extérieur, mais a besoin d'attention. Il demande moins de soins de brossage que les chats à poils longs, hormis au moment de la mue.

L'existence du Siamois remonterait à 1350 et son origine vient du Siam (l'actuelle Thaïlande). Quiconque au Siam voulait capturer un chat Siamois était puni de la peine de mort ! Les premiers couples de Siamois ne furent donc importés en Europe qu'en 1884, de Bangkok, par le consul général de Grand Bretagne.

La sélection effectuée par des éleveurs américains au début du XXe siècle nous donne la silhouette longiligne et orientale que nous connaissons aujourd'hui du chat Siamois.

Le Siamois est un grand bavard, vif et autoritaire, dont le caractère exubérant donne sa pleine mesure au moment des chaleurs. Il est d'une grande intelligence et très joueur, mais également lunatique et capricieux. Il n'a qu'un seul maître, et a besoin de beaucoup d'affection et d'attention.

Les Siamois, de même que les Birmans, ont cette curieuse habitude de sucer des objets ou des tissus de laine. On n'en connaît pas vraiment la cause, encore qu'une hypothèse avancée serait un sevrage trop précoce.

Ceci n'est qu'un petit échantillon, choisi arbitrairement, des différentes races de chats existant aujourd'hui. Celles-ci incluent également le Chinchilla, le Maine Coon, le Ragdoll, le Korat, l'Abyssin, le British Shorthair, ...

Il existe environ 80 races distinctes de chats, certaines émanant de croisements étudiés, pour des résultats parfois étranges. D'autres sont le résultat de mutations génétiques spontanées.

Le Sphinx, dépourvu de poils, semble sorti d'un jeu de Playstation où se mêlent des créatures fantastiques d'un autre monde. Sa mutation génétique – d'après le consensus actuel – se serait opérée dans le Canada des années 1960.

Le chat sans queue (Chat de l'Ile de Mans ou Cymric) est une race naturelle à poil long dont l'origine est incertaine.

Le Scottish Fold, aux oreilles repliées, provient d'une mutation génétique spontanée qui s'est opérée en 1961 en Ecosse. Il a été par la suite croisé avec des Américains et des British à Poil Court.

Il est conseillé de ne pas faire s'accoupler deux Fold aux oreilles repliées ensemble, par crainte de malformations.

L'Exotique à Poil Court est issu de croisements délibérés entre des Persans et des Américains à Poil Court.

D'aucuns pourraient s'inquiéter de la dégénérescence de la race si les chats à pedigree ne se mêlaient qu'à des chats de leur lignée, causant un affaiblissement de la résistance de l'organisme aux maladies. A priori les chats de race n'ont pas ce problème. Les seuls chats qui pourraient présenter une sérieuse déficience sont les vieilles souches du Manx, principalement à cause de l'élevage dont ils sont issus (consanguinité).

La sélection artificielle opérée sur certains de ces animaux fait s'interroger sur l'éthique de ce genre de pratique : avons-nous réellement besoin de manipuler ainsi la génétique, uniquement pour notre satisfaction personnelle et au nom de la beauté (parfois discutable) des spécimens obtenus ?

Lorsqu'on sait que le Persan est sujet à des rhinites par la seule faute de sa fosse nasale trop écrasée et qu'il aura des difficultés à respirer normalement sa vie entière, lorsqu'on voit dans certains concours de beauté, des maîtres manipuler et présenter leur chat comme si celui-ci était un objet, et le laisser haleter de soif car l'eau risquerait de mouiller sa belle fourrure, on est en droit de se poser certaines questions. Est-ce que tout éleveur ou tout exposant signe une charte d'éthique sur le sujet ?

Espérons et faisons en sorte que les standards de concours n'amènent pas les éleveurs à pousser trop loin leurs sélections.

Quelle est l'anatomie d'un chat ?

Les chats se divisent en trois catégories : les chats à corps massif, ceux à corps rectangulaire, ceux à corps long.

Un chat a entre 279 et 282 os, contre 206 chez les humains. Il pèse entre 2,5 et 9 kgs. Son pelage est composé de poils longs (appelés jarre), d'une sous-couche de poils plus courts (la bourre) et enfin d'un duvet. Cette organisation de la fourrure permet une bonne isolation du corps, aussi bien pour résister au froid qu'à la chaleur. Le type de pelage varie en fonction des races. Il existe des chats à poils longs, courts, frisés et même sans poil du tout. C'est alors un léger duvet qui recouvre le corps. Les robes se déclinent en plusieurs teintes et montrent des marques allant des rayures aux tâches, et certaines couleurs ont été créées par croisements sélectionnés successifs.

Les pattes postérieures, plus longues que les pattes antérieures, ont des muscles puissants servant à la détente, lors des sauts par exemple. Les muscles du dos et la colonne vertébrale du chat sont très souples, ce qui lui autorise maintes contorsions pour sa toilette ou lui permet de pouvoir retomber sur ses pattes lorsqu'il chute d'une certaine hauteur. La queue, très musclée, joue également un rôle important dans son équilibre.

Les pattes postérieures possèdent quatre doigts tandis que les pattes antérieures se terminent par cinq doigts, tous pourvus de griffes rétractiles.

Sa denture est puissante. Le chat possède trente dents : des incisives, des canines et des carnassières, mais aucune dent plate pour écraser en bouillie. Ses prémolaires et molaires sont plutôt développées et tranchantes, cisaillant des bouchées de viande que le chat avale sans mâcher.

Quelles facultés sont attribuées au chat ?

Dans différents pays, la croyance populaire prête une signification à certains types de comportement du chat ; en voici quelques-unes :

En Angleterre, un chat qui dort ramassé en boule est synonyme d'un hiver rigoureux.

En France, voir un chat noir traverser la rue devant soi annonce un malheur. Mais un chat errant qui adopte votre maison y apporte le bien-être.

En Allemagne, un chat qui se lave les oreilles sera interprété comme annonçant l'arrivée d'un visiteur.

En Italie, un chat qui éternue porte chance à tous ceux qui l'ont entendu.

En Irlande, dix-sept ans de malheur vous attendent pour avoir tué un chat, même accidentellement.

Plus exotique, au Cambodge, une chatte tricolore dans une maison apporte le bonheur.

Superstitieux(se), moi ?

Pauvre chat, qui se voit attribuer encore aujourd'hui la symbolique occidentale d'une superstition ayant traversé les âges obscurs de l'inquisition jusqu'à notre société ultra matérialiste. Il est toujours malgré lui associé à la malchance, au mal (surtout lorsqu'il est noir) et à la sournoiserie !

D'où viennent ces comportements presque inconscients et irrationnels qui font changer de route lorsqu'un chat la traverse ? Quelle est l'origine de cette angoisse qui pointe à la vue d'un chat un vendredi 13 ? Toutes ces superstitions semblent ancrées dans certaines personnes comme une empreinte forcée émanant du Moyen-âge ou peut-être de plus loin en arrière, et aucun raisonnement ne peut alléger cette peur.

L'ouvrage de François-Augustin de Paradis de Moncrif, « Histoire des Chats : dissertation sur la prééminence des chats dans la société, sur les autres animaux d'Égypte, sur les distinctions et privilèges dont ils ont joui personnellement » (1727), aurait pu jouer un rôle dans la réhabilitation du chat malgré le fait que les critiques de l'époque n'ont pas compris son intention satirique.

Le fait que l'animal soit un prédateur nocturne et parfaitement silencieux dans sa chasse a contribué à son association avec le mal s'insinuant partout de façon cachée et surprenant l'humain au moment où il s'y attend le moins. Son indépendance notoire, à l'opposé de la fidélité soumise du chien, l'a catalogué comme un animal refusant la communauté et a peut-être facilité son rejet du groupe. Sa démarche même, au moment de la chasse, souple, les épaules en avant et la tête basse, lui a souvent valu d'être comparé à un gredin préparant un mauvais coup.

Certains proverbes témoignent de cette méfiance enracinée, qui heureusement tend aujourd'hui à disparaître. Qui n'a jamais entendu « La nuit, tous les chats sont gris » ? L'explication de cette expression est que dans l'obscurité, tous les objets se confondent et leurs détails s'estompent, malgré leur différence. Au sens figuré, une telle phrase signifie qu'on peut se tromper sur les intentions de quelqu'un lorsqu'elles sont voilées par un écran de fumée, ou encore qu'on peut faire ce que l'on veut du moment qu'on n'est pas pris. De nombreuses expressions se retrouvent dans la langue courante, qui sont reprises un peu plus loin dans ce livre.

Quelques records…

Le chat le plus lourd : 21 kgs ; le plus léger : 700 grs.

Le chat le plus grand : 48,3 cm de haut.

Le chat le plus long : du nez à la queue, 122 cm (un Maine Coon).

L'âge le plus avancé enregistré pour un chat est de 38 ans (Crème Puff).

La chatte ayant eu le plus de chatons dans sa vie : 420 !

La portée la plus nombreuse : 19 chatons, dont 15 survécurent.

Le chat le plus cher jamais vendu : issu d'un croisement entre un serval africain et un chat domestique, un spécimen d'Ashera aurait été vendu 111 048 € (125 000 $).

La fourrure la plus longue : 23 cm (un Persan).

Un chat parcourut 800 Kms en 28 jours pour retrouver ses maîtres. Qui a dit que le chat n'était pas fidèle ?

Le chat qui ronronne le plus fort : 98 décibels, soit quatre fois plus que les autres chats ! Et il a toujours sa place dans le livre Guinness.

Peut-être connaissez-vous d'autres records ?

14e partie : Le chat et l'Art

Quelle place tient-il dans les contes, les dessins animés, les légendes ?

« Le Chat Botté » est sans conteste le conte le plus connu (du moins en France) où l'intelligence et le pragmatisme du chat prennent le pas sur l'ignorance gauche de l'humain. Cette histoire sympathique met en avant l'opportunisme du chat prêt à saisir toutes les occasions (et à les créer) pour satisfaire ses envies et besoins de confort avant tout. Nous sommes loin de certains contes tragiques d'Andersen ou effrayants des frères Grimm. Un des contes de Grimm échappe toutefois à la règle (parmi d'autres) : « Le pauvre garçon meunier et le petit chat », où le chat est représenté comme la bonne fée qui donne sa chance à l'humain prêt à lui faire confiance et à suivre ses conseils.

On donne souvent aux chats des dessins animés ou des bandes dessinés un esprit frondeur (Tom et Jerry), ou ironique, à l'humour froid (le Chat de Philippe Geluck), à l'âme insensible (Garfield) ou ayant tous les défauts des personnes viles (Azraël, le chat de Gargamel dans les Schtroumfs), et parfois malchanceux (les chats de Tex Avery).

Tout en reconnaissant son esprit d'équipe (Les Aristochats), son indépendance est légendaire. Son caractère soupe au lait et orgueilleux décrit de façon si dithyrambique dans les dessins animés de Tex Avery ont fait rire maintes générations d'enfants et d'adultes, et l'on aimerait parfois qu'il ne soit pas toujours le perdant de l'histoire.

Parmi d'autres chats célèbres nous retrouvons Félix le Chat (Robert Crumb), Hercule (Pif et Hercule), Clark Gaybeul (les albums d'Edika), Gros Minet (Titi et Gros Minet), et bien d'autres encore.

D'innombrables légendes mettent en scène des chats, dont celle, d'origine musulmane, de l'Arche de Noé qui raconte que Noé, ne sachant comment se débarrasser des rats ayant envahi son arche après le déluge, alla voir le lion, roi des animaux, pour lui demander conseil. Le lion éternua alors et de son nez sortit le premier couple de chats.

En Egypte, la légende dit qu'Isis, Déesse de la guérison et de la beauté, se transforma en chat pour échapper au Dieu des Morts, Anubis.

En Grèce, Artémis, la soeur de Phébus, créa le chat pour se moquer du lion qu'avait inventé le Dieu pour l'effrayer.

D'où vient la légende des neuf vies du chat ? Elle serait née en Egypte, où le 9 était considéré comme chiffre magique, représentant l'unique tout en un, l'universalité. Le 9 aurait été attribué au chat en raison de son extrême résistance à la douleur et à la maladie. De plus, il retombait toujours sur ses pattes lorsqu'il tombait. La croyance voulait donc qu'il ait plusieurs vies.

On dit aussi que le principal défaut du chat étant la curiosité, il épuise très vite ses neuf vies !

Pourtant aujourd'hui, nous attribuons sept vies au chat au lieu de neuf. Qu'a-t-il fait des deux restantes ? En fait, le chiffre 7 est aujourd'hui notre chiffre préféré de la même façon que le 9 était celui de l'Egypte. Qui n'a entendu parler des 7 merveilles du monde ? Des 7 couleurs de l'arc-en-ciel ? Des 7 vérités ? Des 7 clés de Fort Boyard ? Du jeu des 7 familles ?

Les chats aiment les célébrités ?

Le chat aimant beaucoup les genoux des humains, il est tout naturel qu'il soit l'ami des écrivains. Parmi eux comptons Colette, Charles Baudelaire, Charles Perrault, Lovecraft, Philippe Ragueneau, ...

Et que dire des chats qui ont vécu la vie de star auprès de leurs maîtres, sous le feu des paparazzi ? Paul McCartney, Sophie Marceau, Freddy Mercury, Marylin Manson,, Madonna, Paul Newman, Iggy Pop, la liste est longue.

Alain Delon, Pierre Desproges, Laura Bush, Simon Tofield et bien d'autres célébrités ont quant à elles adopté des chats noirs. Nul doute qu'ils leur ont porté chance !

Chat ch'est bien dit !

Des expressions françaises et dictons populaires, transmis par la tradition, mettent en scène les chats pour symboliser des comportements, des attitudes ou des faits. En voici quelques-unes :

« Il n'y a pas de quoi fouetter un chat » (traduction : il n'est pas besoin de faire tant d'histoires pour si peu)

« La nuit, tous les chats sont gris » (il est facile de se méprendre, de ne pas reconnaître ceux à qui l'on parle. Ou bien : dans l'obscurité, on ne fait aucune différence entre une personne et une autre. Ou encore : pas vu, pas pris)

« À bon chat, bon rat » (bien attaqué, bien défendu)

« Il faut appeler un chat un chat » (il faut savoir appeler les choses telles qu'elles sont, sans tergiverser)

« Donner sa langue au chat » (avouer qu'on ne connaît pas la réponse et la demander)

« S'entendre comme chien et chat » (se disputer sans arrêt, ne pas s'accorder)

« Il n'y a pas un chat » (il n'y a personne)

« Quand le chat n'est pas là, les souris dansent » (quand le pouvoir en place n'est pas représenté, les écoliers ou les subalternes font ce qu'il leur plaît)

« Elle est friande comme une chatte » (elle est gourmande)

« Écrire comme un chat » (écrire de manière illisible)

« Se servir de la patte du chat pour tirer les marrons du feu » (utiliser adroitement un autre pour lui faire exécuter quelque chose de périlleux à notre place et en tirer le profit)

« Chat échaudé craint l'eau froide » (une mauvaise expérience nous fait craindre l'apparence même de ce qui a causé la douleur)

« Il ne faut pas réveiller le chat qui dort » (il vaut mieux laisser tranquille une affaire qui s'était tassée plutôt que de la réveiller au risque d'un danger qui pourrait être évité)

... et bien d'autres encore.

Ces dictons ne sont pas forcément toujours du meilleur conseil mais ils se rencontrent encore couramment dans le langage actuel.

Et si ma mère avait un chat ?

Voici maintenant quelques histoires réelles, drôles, insolites, attendrissantes, des péripéties de nos vénérés chats, telles que nous aimons à nous les raconter lorsque nous nous retrouvons en famille ou entre amis...

Une internaute a raconté que son chat grimpait sur la table de la cuisine chaque fois qu'elle allait acheter du foie, mais que les jours où elle n'en achetait pas, même si elle passait à la boucherie, son chat ne grimpait pas sur la table.

Bel exemple de télépathie !

*****

Une autre histoire d'internaute : son chat volait les coussins du divan pour aller les installer dans la salle de bains, afin d'avoir un endroit confortable où faire ses siestes, protégé du froid du carrelage.

*****

Infortunée maîtresse qui, pensant offrir une agréable compagnie à son chat en adoptant un chaton, vit l'animal déguerpir pour aller chercher refuge chez sa voisine d'en face, pour ne plus jamais en repartir !

*****

Une histoire triste mais qui montre bien qu'une certaine télépathie peut exister entre les animaux et les humains : le chat d'une dame commençait à être âgé et montrait des signes de maladie. Après quelques soins il semblait se porter mieux jusqu'au jour où la dame en question, au beau milieu de sa journée de travail, ressentit une peur panique et un profond état de douleur. L’image de son chat s’imposait à elle de façon forte et pénétrante. Elle sortit en toute hâte et regagna sa maison, où elle retrouva son chat qui l’attendait en souffrant. Elle passa une bonne heure avec lui, à le caresser, le peigner, le nettoyer, sentant que sa dernière heure était arrivée. Le chat était calme et serein, comme s’il était déjà loin.

La dame se résolut quelques jours plus tard à appeler le vétérinaire pour un rendez-vous afin de stopper définitivement les souffrances de son chat. Ce fut arrêté pour le lendemain soir. Au jour dit, lorsqu’elle rentra chez elle, son chat l’attendait et miaulait très fort à son adresse, allant vers la fenêtre et regardant sa maîtresse tour à tour, comme s’il était pressé de partir. Lorsqu’elle le mit dans un sac à bandoulière qu'elle utilisait parfois pour lui, il arrêta de miauler, se cala dans le fond et ne fit pas mine une seule fois de sortir de là dans la rue. Il se laissa faire chez le vétérinaire, comme s’il savait que c’était là son dernier jour.

*****

Combien de personnes peuvent témoigner de l’empathie que peut avoir leur chat lorsqu’elles se sentent tristes et pleurent ! Le chat vient doucement s’asseoir devant vous, pose la patte sur votre main ou votre genou et reste là, avec cette force tranquille et sereine, à absorber vos pleurs comme s’il les aspirait de vous. Il s’allonge à côté de vous et colle sa tête contre la vôtre ou contre votre ventre, et fait mine de s’y endormir. Vous ne l’entendrez pas ronronner, jusqu’à ce que vous alliez mieux. Il est comme le gardien de vos peines et sans se poser de question, les ressent et cherche à les calmer.

*****

Grâce à leurs sens aiguisés, des chats ont sauvé plus d’une fois la vie de personnes lors de catastrophes naturelles ou de bombardements, car ils ressentaient les vibrations avant les humains et se cachaient sous un meuble en miaulant, avertissant ainsi leur maître.

*****

Une chatte a sauvé la vie de sa maîtresse en allant la prévenir d'un feu qui s'était déclaré dans la cuisine, au lieu de sortir par la chatière ! La chatte, sourde et muette, était allée gratter frénétiquement à la porte de la chambre de sa maîtresse pour la prévenir du danger.

*****

Un autre chat aux Etats-Unis, Tabby Two, a sauvé une vieille dame d'une insolation qui aurait pu la tuer. Il est allé prévenir sa maîtresse en l'amenant, avec force miaulements et allers-retours, à le suivre jusqu'au dehors où une vieille femme s'était écroulée, accablée par la chaleur intense. Elle a pu être sauvée grâce à Tabby Two.

*****

Une femme cardiaque avait adopté une chatte noire et blanche dans un refuge. Un jour, elle eut une attaque cardiaque et tomba à terre avant d'avoir pu prendre son médicament. La chatte sauta aussitôt sur le meuble, fit tomber la boite de cachets par terre et la poussa jusqu'à sa maîtresse. Celle-ci put prendre un cachet mais n'arrivait toujours pas à se relever. La chatte est alors sortie et s'est postée devant la fenêtre d'une maison voisine où elle s'est mise à miauler plaintivement jusqu'à ce que la voisine sorte, la reconnaisse et aille chez cette femme cardiaque pour la trouver allongée par terre. La femme fut sauvée. Qui peut dire encore après cette histoire que le chat n'est pas intelligent et qu'il est égoïste ?

Annexes

Quel nom donner à mon chat ?

Voici quelques exemples de noms que vous pouvez choisir pour votre chat, mais l'imagination est à l'honneur. Sachez que pour les pedigrees, l'année 2015 est l'année des L :

Quelques exemples pour un matou à pedigree :

Lancelot	Leucky	Lucidor
Lascar	Lobo	Lucifer
Larski	Loki	Luki
Lazario	Lord	Lupo
Lechat	Lorenzacio	Lussan
Lemon	Lothi	Lustic
Lenzo	Louca	
Lessy	Louchka	

Ou pour ceux que la lettre L indiffère :

Altesse	Horus	Réglisse
Atchoum	Icare	Roméo
Attila	Indi	Rusé
Azraël	Jack	Sam
Bagherra	Jazz	Spirou
Bandit	Jerry	Sultan
Bazil	Jules	Sylvestre
Berlioz	Kid	Tigrou
Blob	Kiss-cool	Tom

Damon
Diego
Diesel
Dizzy
Ebène
Eddie
Elvis
Eros
Figaro
Finou
Flocon
Fripouille
Fritz
Garfield
Gaspard
Gizmo
Griffon
Grosminet
Harry
Hector
Hercule
Horace
Kiwi
Lenny
Léo
Markus
Mérimée
Mic-Mac
Midjy
Moustique
Nefer
Noisette
Nougat
Oliver
Omaley
Oméga
Onyx
Pacha
Philibert
Pistache
Prosper
Quake
Quick
Raspoutine
Toulouse
Ulysse
Uno
Ushuaia
Valentin
Valvert
Vanille
Vasco
Voyou
Whiskie
Willis
Winter
Xénon
Xénos
Xylo
Yoda
Yoshi
Yugi
Yuma
Zac
Zan
Zola

Pour une minette de race :

Lacy
Lahsa
Lakmé
Lani
Lanka
Leeah
Leika
Lena
Letchi
Lila
Lilouse
Lilywhite
Lixy
Lizy
Lolita
Louka
Louna
Loupette
Loxane
Lucia
Luciole
Lucy
Luxianne
Lylou

Ou pour les autres :

Abigaïl
Amandine
Ambre
Amina
Anouk
Axelle
Bella
Bethsabée
Betty Boop
Biscotte
Daysie
Debbie
Diane
Dyna
Elya
Enzo
Etoile
Eva
Fannie
Ficelle
Floa
Ilona
Ines
Isaure
Jade
Janniss
Kalinka
Kermite
Kimie
Kittie
Laverne
Lili
Lisbeth
Lola
Maureen
Mélusine
Mixie
Morgane
Myrtille
Nanou
Néfertiti
Neige
Priska
Prunelle
Qurislinne
Ramouncha
Reine
Riva
Roussette
Salsa
Sassye
Samsara
Sheera
Tamis
Topaze
Tosca
Ulfia
Urssa
Utopia
Vanille
Vicky
Violette
Xana

Framboise	Neijie	Xéna
Gaïa	Nikita	Xoltane
Gazou	Nissie	Yazoo
Grisette	Noiraude	Yuna
Gypsie	Ondine	Zahra
Hannah	Opale	Zerline
Hermione	Orphée	Zoé
Horka	Plume	
Ibisca	Praline	
	Princesse	

Nommez votre chat comme l'un de vos héros préférés, ou inventez un nom : le principal est de ne pas en changer au moment d'habituer votre animal à sa sonorité (ni même par la suite), ou bien il risque de ne pas vous répondre ... Hormis s'il avait déjà un nom mais que celui-ci est associé à d'anciens mauvais traitements. Auquel cas, changez radicalement le nom, sa sonorité et si possible le nombre de syllabes, afin qu'il ne soit même pas possible à votre chat d'établir une similitude entre les deux noms.

Adresses de sites et de forums fans de chats

Vous trouverez ci-dessous les adresses de certains sites fans et associations qui pourront vous être utiles, ou vous charmer. Et allez chatter sur les forums dédiés aux amoureux des chats, vous serez comblé(e).

* Fédération internationale féline (Fifé) Little Dene, Lenham Heath, Maidstone Kent, ME 17 2 BS, G.-B.

* Fichier national félin 112, av. Gabriel-Péri, 94240 L'Haÿ-les-Roses

* Union nationale des associations félines (Unaf) BP 28, 76320 Caudebec-lès-Elbeuf

* Fédération féline française (FFF) 75, rue Claude-Decaen, 75012 Paris

* Cat Club de Paris et des Provinces françaises 75, rue Claude-Decaen, 75012 Paris

* L'École du Chat (existe dans beaucoup de villes de France). A pour mission de sauver les chats errants du cimetière de Montmartre

* Regroupement des chats perdus (RCP) 71, rue Paul-Doumer, 91330 Yerres. Refuge

* Fédération des associations du chat citoyen 98, rue Leibniz, 75018 Paris. Créée 2000 par des membres de l'École du Chat pour servir de lien entre les Écoles du Chat et les associations qui protègent le chat libre par la stérilisation

* www.i-cad.fr (anciennement SIEV, Société d'identification électronique vétérinaire)

* www.chatsderace.com

* www.chatsdumonde.com

* www.furty.com/chats/eleveurs

* www.chatons-persans.com

* www.afas-siamois.com

Bibliographie

* Mémento du vétérinaire : le chat, docteur Jean Cuvelier, Editions Marabout, Coll. Marabout Animaux, 2006

* Quand mon chat était petit, Gilles Bachelet, Editions du Seuil, Coll. S/CRAPULE JEUN, 2006

* Larousse du chat et du chaton : Races, comportements, soins, Pierre Rousselet-Blanc et Collectif, Editions Larousse, Coll. Larousse De, 2005

* L'éducation du chat, Dr Joël Dehasse, médecin vétérinaire, Edition Le Jour, 2004

* Le chat de race : Conseil d'élevage et abrégé de génétique de la robe, Alyse Brisson, 2004

* Les chats mots, Anny Duperey et Sonja Knapp, Editions du Seuil, Coll. Points, 2004

* Le chat qui parlait malgré lui, Claude Roy, Editions Gallimard, Collection Folio Junior, 1997

* Soignez votre chat par les médecines naturelles, Jacqueline Peker, Editions Robert Laffont, 1993

* Le Meilleur du Chat, Philippe Geluck, Editions Casterman, 1993

* Bien connaître votre chat, Soins, Elevage, Morag Kerr, adaptation française de Suzanne Falcone, Editions Gründ, 1990

* Vous et votre Persan, Sol Gadi, Les Editions de L'Homme, 1984

Remerciements

Je tiens à remercier tous les amoureux des chats qui m'ont permis d'écrire ce livre, aux divers auteurs des sites que j'ai pu visiter (Chamania, planetedeschats, felinomania, LOOF, webfelin, aniwa, foyerfelin, frenchmatou), aux différentes personnes que j'ai rencontrées lors de forums, expositions, visites, etc., aux vétérinaires qui ont eu la gentillesse de répondre à mes questions et de corroborer certaines de mes informations – et notamment au Docteur Jouin qui a préfacé mon livre - et un grand merci à Messieurs les Chats, qui enrichissent tant notre vie.

A propos de l'auteur

Si ce livre vous a plu, pourrez-vous le commenter sur amazon.fr ? C'est ainsi que d'autres lecteurs me connaîtront.

Merci en tous cas de m'avoir lue, j'espère que vous avez passé un bon moment et que vous avez appris de nombreuses choses sur nos amis les chats.

Plus de renseignements sur l'auteur :

gisele.foucher.com

Blog : giselefoucher.wordpress.com

Autres ouvrages

Dormir enfin ! Remèdes d'une ex-insomniaque

Le manque de sommeil a de lourdes conséquences sur nos activités, sur notre dynamisme et notre moral. Il prend parfois de telles proportions qu'il peut même conduire à la dépression. Et ce n'est pas le moment de baisser les bras.

Dans ce livre ont été réunies plus de 40 recettes naturelles pour s'endormir facilement et passer enfin de bonnes nuits.

Guide d'autodéfense sur Internet

Comment sécuriser ses données informatiques chez soi, au travail, dans les workshops, etc. Un guide qui décrit dans le détail quoi faire pour ne pas se faire pirater ni rançonner sur Internet, que ce soit via un ordinateur ou un smartphone.

Internet est devenu aujourd'hui incontournable pour chacun-e de nous. Échange de messages, recueil d'informations, achats en ligne, communications sur les réseaux sociaux, transactions bancaires : impossible de se passer des nouvelles technologies de nos jours ! Et si ces outils nous simplifient généralement la vie, ils comptent aussi leurs lot d'inconvénients, parmi lesquels des menaces pour notre vie privée ou nos données personnelles.

Ce livre simple d'accès, sans jargon technique, s'adresse à tous les utilisateurs qui veulent apprendre à se prémunir des menaces qui peuvent accompagner l'utilisation d'Internet.

Les femmes de Game of Thrones

20 portraits des femmes les plus marquantes de la célèbre série. Analyse de leur personnalité, leur caractère, leur histoire, leurs relations avec les autres, leur rôle politique et militaire, et pour chacune d'elle leur pendant historique de la vie réelle. En bonus, quelques anecdotes sur l'actrice.

L'univers du Trône de fer est peuplé d'un éventail de profils féminins riches. Fortes, courageuses, manipulatrices ou sensuelles, les femmes de Game of Thrones tentent d'accomplir ce qui semble être leur destinée. Faisant écho aux femmes modernes, les obstacles qui entravent leur chemin sont souvent liés à un déterminisme social similaire à celui de nos sociétés. Le récit d'un combat qui n'est finalement pas si fictif.

Je passe aux aveux !

Un recueil des petits plus qui pimentent notre vie. Des anecdotes, des histoires réelles cueillies au hasard du chemin et confiées sur un ton léger et malicieux. De ces moments forts en émotion, en quiproquos, en plaisirs simples qui enrobent notre vie de féerie.

Monsieur Champignon et Mademoiselle Abeille

Cette histoire illustrée pour enfants met en scène un champignon qui rêve de voir la vie d'en haut et d'une abeille qui aimerait bien se reposer de temps à autre. Leur rencontre va les enrichir, une belle amitié va naître et avec un peu de magie... Pour enfants de trois à sept ans.

Le syndrome de la page blanche

Il suffit parfois d'un bégaiement pour que tout s'écroule. Dans ce thriller fantastique, le beau Mike Rossinter va tomber dans un univers aussi absurde que terrifiant en aidant son amie Manuela, et il lui faudra toute sa volonté pour ne pas plonger dans la folie.

La faille sans cri

Vers libres et autres figures de poésie, posés sur le fil d'une vie comme un funambule et son bâton.

J'ai choisi pour décrire ce recueil de poèmes de retranscrire le commentaire d'une lectrice : « Les poèmes de ce recueil sont parfois des chuchotements de souffrance qui s'élèvent en volutes, parfois des cris muets dont l'auteur ne doit pas savoir qui les entendra. On lit aussi ses émerveillements devant la beauté de l'être, de la nature, de l'enfantement, et aussi des moments simples de la vie. Donc, pour moi, à lire ! »

Manuel de survie à l'attention des employés

Cela commence par une fiction de bureau, continue avec des kits de survie au bureau et se prolonge avec un dictionnaire de l'entreprise, revisité avec humour. Ce roman en plusieurs parties caricature la vie en entreprise, ses joies et ses déboires, le tout agrémenté de dessins humoristiques.

M'aimerais-tu encore si ?

Petit recueil de phrases à lire à deux : l'amour serait-il le même si... ? Un clin d'œil léger et malicieux à picorer à n'importe quelle heure de la journée.

L'intégrale de l'humour 2008

A lire derrière sa fenêtre, à la terrasse du café, sur le quai pendant les grèves de trains, en attendant à la Poste, dans son lit... Pour ceux qui aiment l'humour absurde et décalé (mais pas seulement).

Magazines (articles)

- Tout Comprendre (ex Comment ça Marche)
- Tout Comprendre Max (ex Tout le Savoir)

Droits d'auteur

www.ingramcontent.com/pod-product-compliance
Ingram Content Group UK Ltd.
Pitfield, Milton Keynes, MK11 3LW, UK
UKHW021905190726
13853UKWH00002B/518